# DICTIONNAIRE D'ANGLAIS
## POUR DEBUTANTS

Helen Davies et Françoise Holmes
Illustrations: John Shackell
Conception: Brian Robertson
Editeur: Nicole Irving

Ont également participé à l'élaboration de
cet ouvrage: Kim Blundell et Anita Ganeri
Adaptation française: Renée Chaspoul

# Sommaire

# Comment se servir de ce livre

Cet ouvrage contient plus de 2000 mots d'anglais courant, avec des illustrations pour permettre de se les rappeler plus facilement. Pour pouvoir identifier les mots, on a écrit les noms (book: le livre) en lettres romaines et les verbes (*to shout*: crier), les adjectifs (*pretty*: joli) et les phrases en italique.

## Les noms

Les noms sont les mots qui servent à désigner les personnes, les animaux et les choses. La distinction entre un nom masculin et un nom féminin n'existe pas en anglais, ce qui facilite bien les choses! D'où l'absence d'article devant les noms. Le, la, les se traduisent par **the**. M/f (masculin/féminin) à côté d'un mot français signifie que le masculin et le féminin de ce mot se traduisent en anglais par un seul mot. Exemple: le musicien, la musicienne: **musician**. Le pluriel se forme généralement en ajoutant un *s*. Toutefois certains noms ont un pluriel différent; ils se trouvent dans la partie grammaire, de même que les noms qui sont toujours pluriels ou ceux qui sont toujours singuliers.

## Les adjectifs

Les adjectifs servent à décrire les noms. Ils sont invariables en anglais et se placent toujours devant le nom. Exemples: **a little girl**: une petite fille; **the red dress**: la robe rouge; **little girls**: des petites filles.

## Les verbes

Les verbes indiquent ce qu'une personne, un animal ou une chose *est* ou *fait*. Leur infinitif se traduit par **to** + le verbe. Exemple: **to look for**: chercher. Vous trouverez à la fin du livre comment les conjuguer, ainsi que les différents temps et une liste des verbes irréguliers à la page 104, c'est à dire les verbes dont le prétérit et le participe passé sont différents du présent.

Enfin, page 96 sont expliquées quelques règles de base de la grammaire anglaise et à la page 106 se trouve le sens littéral de certaines phrases utilisées dans le livre.

child

father

mother

parents

ballet dancer

*thin*

*to look for*

3

# Rencontrer des gens

| | | | |
|---|---|---|---|
| **Hello** | Bonjour | **man (pl: men)** | l'homme |
| **Goodbye** | Au revoir | **woman (pl: women)** | la femme |
| **See you later.*** | A tout à l'heure | **baby** | le bébé |
| **to shake hands with** | serrer la main à | **boy** | le garçon |
| | | **girl** | la fille |
| **to kiss** | faire la bise à | | |

| | | | |
|---|---|---|---|
| **to introduce** | présenter | **How are you?** | Comment allez-vous? |
| **friend** | l'ami (m/f) | **Very well, thank you.** | Très bien, merci. |
| **to meet** | rencontrer | | |

*Vous trouverez le sens des différents mots des phrases et des expressions aux pages 106-108.

| | |
|---|---|
| **to chat** | bavarder |
| **Yes** | Oui |
| **No** | Non |
| **I agree.** | D'accord. |
| **to say** | dire |
| **to burst out laughing** | éclater de rire |

*to chat*

*Yes*

*No*

*I agree.*

*to say*

*to burst out laughing*

*name*

**first name**

Gill Brown

**surname**

| | |
|---|---|
| **name** | le nom |
| **first name** | le prénom |
| **surname** | le nom de famille |
| **What's your name?** | Comment t'appelles-tu? |
| **My name is . . .** | Je m'appelle . . . |
| **His name is . . .** | Il s'appelle . . . |

*My name is . . .*

*His name is . . .*

*What's your name?*

age

*How old are you?*

*young*

*old*

*I'm nineteen.*

*older than*

*younger than*

*the same age as*

| | | | |
|---|---|---|---|
| **age** | l'âge | **old** | vieux, vieille |
| **How old are you?** | Quel âge as-tu? | **older than** | plus âgé que |
| **I'm nineteen.** | J'ai dix-neuf ans. | **younger than** | plus jeune que |
| **young** | jeune | **the same age as** | le même âge que |

# La famille

family
father
mother
grandfather
aunt
uncle
grandmother
brother
sister
cousin
cousin

| | | | |
|---|---|---|---|
| family | la famille | grandfather | le grand-père |
| father | le père | grandmother | la grand-mère |
| mother | la mère | aunt | la tante |
| brother | le frère | uncle | l'oncle |
| sister | la soeur | cousin | le cousin (m/f) |

to be related to
son
grandson
daughter
granddaughter
nephew
to bring up
to be fond of
niece

| | | | |
|---|---|---|---|
| to be related to | être parent de | granddaughter | la petite-fille |
| son | le fils | to be fond of | aimer bien |
| daughter | la fille | nephew | le neveu |
| to bring up | élever | niece | la nièce |
| grandson | le petit-fils | | |

| wife | la femme |
| husband | le mari |
| parents | les parents |
| to love | aimer |
| children | les enfants |
| twin brothers | les jumeaux |
| only son | le fils unique |

wife

husband

parents

to love

children

twin brothers

only son

life

childhood

marriage

birth

to be born

to get married

wedding

death

to work

old age

to die

funeral

| life | la vie | wedding | les noces |
| birth | la naissance | to work | travailler |
| to be born | naître | old age | la vieillesse |
| childhood | l'enfance | death | la mort |
| marriage | le mariage | to die | mourir |
| to get married | se marier | funeral | l'enterrement |

*Le singulier de **children** est **child**.

7

# L'aspect physique et la personnalité

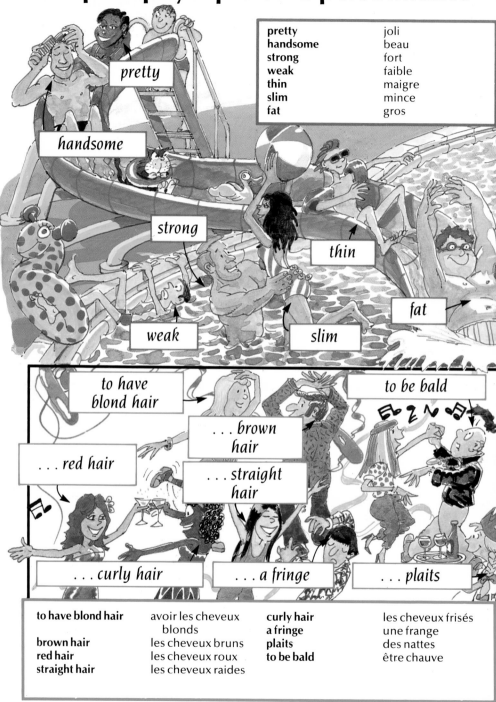

pretty

handsome

| | |
|---|---|
| pretty | joli |
| handsome | beau |
| strong | fort |
| weak | faible |
| thin | maigre |
| slim | mince |
| fat | gros |

strong

thin

fat

weak

slim

to have blond hair

to be bald

. . . brown hair

. . . red hair

. . . straight hair

. . . curly hair

. . . a fringe

. . . plaits

| | | | |
|---|---|---|---|
| to have blond hair | avoir les cheveux blonds | curly hair | les cheveux frisés |
| brown hair | les cheveux bruns | a fringe | une frange |
| red hair | les cheveux roux | plaits | des nattes |
| straight hair | les cheveux raides | to be bald | être chauve |

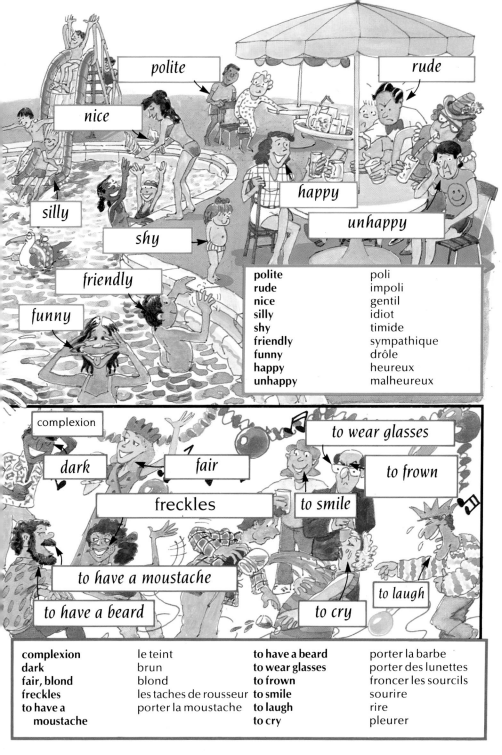

polite

rude

nice

happy

unhappy

silly

shy

friendly

funny

| polite | poli |
| rude | impoli |
| nice | gentil |
| silly | idiot |
| shy | timide |
| friendly | sympathique |
| funny | drôle |
| happy | heureux |
| unhappy | malheureux |

complexion

to wear glasses

dark

fair

to frown

freckles

to smile

to have a moustache

to laugh

to have a beard

to cry

| complexion | le teint | to have a beard | porter la barbe |
| dark | brun | to wear glasses | porter des lunettes |
| fair, blond | blond | to frown | froncer les sourcils |
| freckles | les taches de rousseur | to smile | sourire |
| to have a moustache | porter la moustache | to laugh | rire |
| | | to cry | pleurer |

9

# Le corps

| | |
|---|---|
| head | la tête |
| hair | les cheveux |
| face | la figure |
| skin | la peau |
| eye | l'oeil |
| cheek | la joue |
| nose | le nez |
| ear | l'oreille |
| mouth | la bouche |
| tooth (pl: teeth) | la dent |
| tongue | la langue |
| lip | la lèvre |
| neck | le cou |
| chin | le menton |

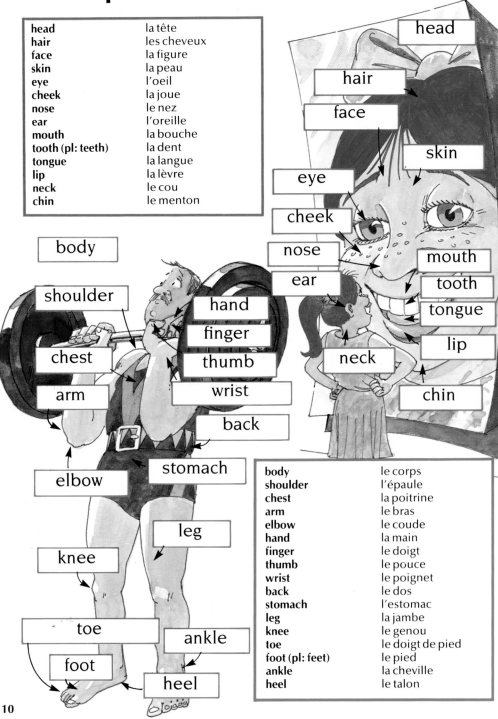

head

hair

face

skin

eye

cheek

nose

ear

mouth

tooth

tongue

lip

neck

chin

body

shoulder

hand

finger

chest

thumb

arm

wrist

back

stomach

elbow

leg

knee

toe

ankle

foot

heel

| | |
|---|---|
| body | le corps |
| shoulder | l'épaule |
| chest | la poitrine |
| arm | le bras |
| elbow | le coude |
| hand | la main |
| finger | le doigt |
| thumb | le pouce |
| wrist | le poignet |
| back | le dos |
| stomach | l'estomac |
| leg | la jambe |
| knee | le genou |
| toe | le doigt de pied |
| foot (pl: feet) | le pied |
| ankle | la cheville |
| heel | le talon |

| | |
|---|---|
| to be tall | être grand |
| to be short | être petit |
| to weigh yourself | se peser |
| to be light | peser peu |
| to be heavy | peser lourd |

left side

right side

to be tall

to be short

to weigh yourself

to be light

to be heavy

| | |
|---|---|
| left side | le côté gauche |
| right side | le côté droit |

to kneel down

to lie down

to be lying down

to walk barefoot

to be kneeling

to sit down

to stand up

to be standing

| | |
|---|---|
| to walk barefoot | marcher pieds nus |
| to stand up | se lever |
| to be standing | être debout |
| to kneel down | s'agenouiller |
| to be kneeling | être à genoux |
| to lie down | s'allonger |
| to be lying down | être allongé |
| to sit down | s'asseoir |
| to be sitting down | être assis |

to be sitting down

# La maison

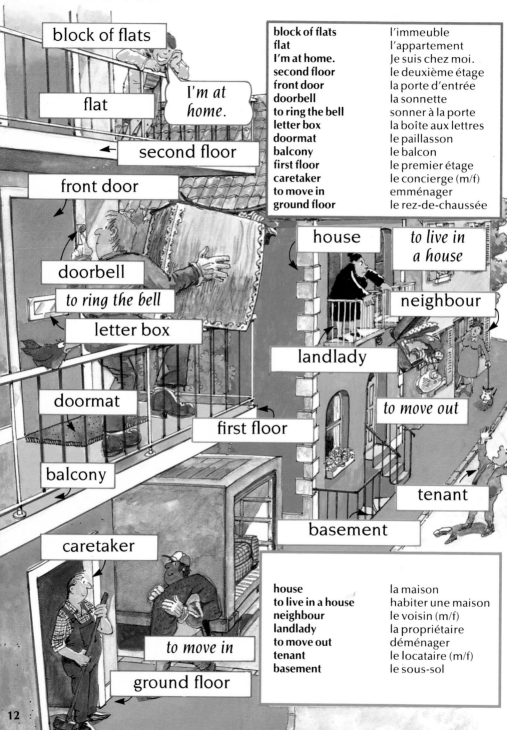

block of flats

flat

I'm at home.

second floor

front door

doorbell

to ring the bell

letter box

doormat

balcony

caretaker

to move in

ground floor

house

to live in a house

neighbour

landlady

to move out

tenant

basement

first floor

| | |
|---|---|
| block of flats | l'immeuble |
| flat | l'appartement |
| I'm at home. | Je suis chez moi. |
| second floor | le deuxième étage |
| front door | la porte d'entrée |
| doorbell | la sonnette |
| to ring the bell | sonner à la porte |
| letter box | la boîte aux lettres |
| doormat | le paillasson |
| balcony | le balcon |
| first floor | le premier étage |
| caretaker | le concierge (m/f) |
| to move in | emménager |
| ground floor | le rez-de-chaussée |

| | |
|---|---|
| house | la maison |
| to live in a house | habiter une maison |
| neighbour | le voisin (m/f) |
| landlady | la propriétaire |
| to move out | déménager |
| tenant | le locataire (m/f) |
| basement | le sous-sol |

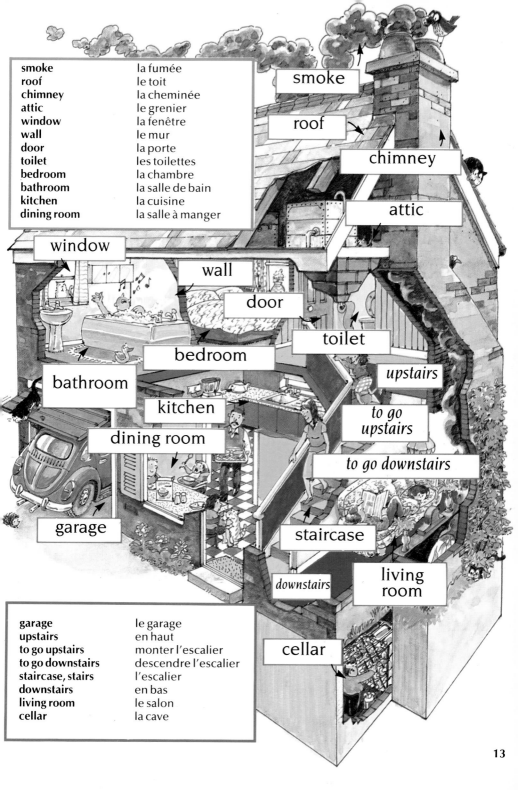

| | |
|---|---|
| smoke | la fumée |
| roof | le toit |
| chimney | la cheminée |
| attic | le grenier |
| window | la fenêtre |
| wall | le mur |
| door | la porte |
| toilet | les toilettes |
| bedroom | la chambre |
| bathroom | la salle de bain |
| kitchen | la cuisine |
| dining room | la salle à manger |

smoke

roof

chimney

attic

window

wall

door

toilet

*upstairs*

bedroom

*to go upstairs*

bathroom

*to go downstairs*

kitchen

dining room

garage

staircase

*downstairs*

living room

cellar

| | |
|---|---|
| garage | le garage |
| upstairs | en haut |
| to go upstairs | monter l'escalier |
| to go downstairs | descendre l'escalier |
| staircase, stairs | l'escalier |
| downstairs | en bas |
| living room | le salon |
| cellar | la cave |

13

# Le salon et la salle à manger

| | | |
|---|---|---|
| dining room | la salle à manger | |
| light | la lumière | |
| radiator | le radiateur | |
| table | la table | |
| chair | la chaise | |
| floor | le plancher | |
| rug | le tapis | |

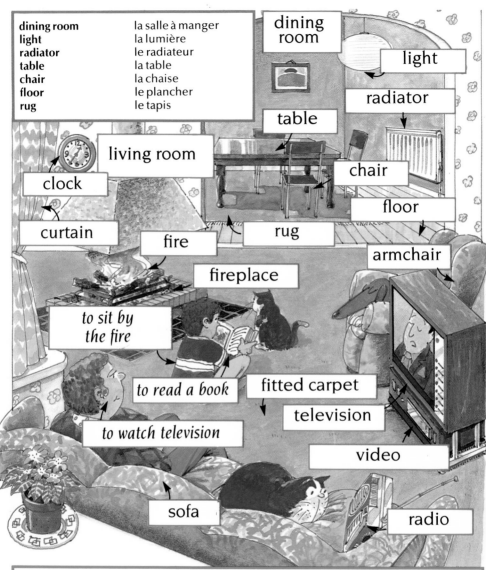

dining room

light

radiator

table

chair

floor

armchair

living room

clock

curtain

fire

rug

fireplace

to sit by the fire

to read a book

fitted carpet

television

to watch television

video

sofa

radio

| | | | |
|---|---|---|---|
| living room | le salon | to read a book | lire un livre |
| clock | la pendule | to watch television | regarder la télévision |
| curtain | le rideau | sofa | le canapé |
| fire | le feu | fitted carpet | la moquette |
| fireplace | la cheminée | television | la télévision |
| armchair | le fauteuil | video | le magnétoscope |
| to sit by the fire | s'asseoir au coin du feu | radio | la radio |

# La cuisine

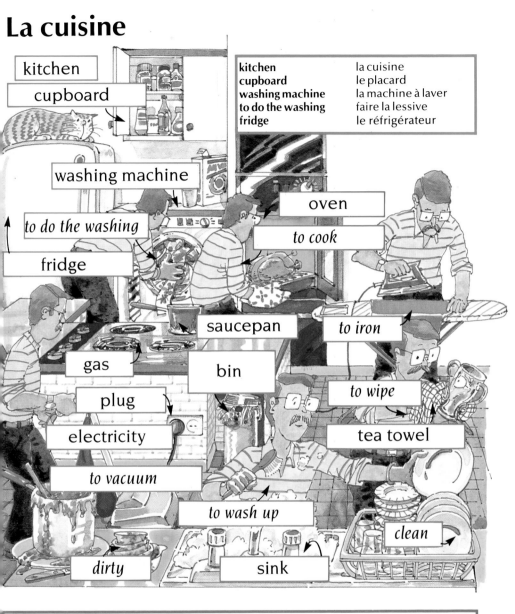

kitchen

cupboard

| kitchen | la cuisine |
|---|---|
| cupboard | le placard |
| washing machine | la machine à laver |
| to do the washing | faire la lessive |
| fridge | le réfrigérateur |

washing machine

oven

to do the washing

to cook

fridge

saucepan

to iron

gas

bin

plug

to wipe

electricity

tea towel

to vacuum

to wash up

clean

dirty

sink

| oven | le four | to vacuum | passer l'aspirateur |
|---|---|---|---|
| to cook | faire la cuisine | to wash up | faire la vaisselle |
| saucepan | la casserole | dirty | sale |
| gas | le gaz | sink | l'évier |
| bin | la poubelle | to dry, to wipe | essuyer |
| to iron | repasser | tea towel | le torchon |
| plug | la prise | clean | propre |
| electricity | l'électricité | | |

15

# Au jardin

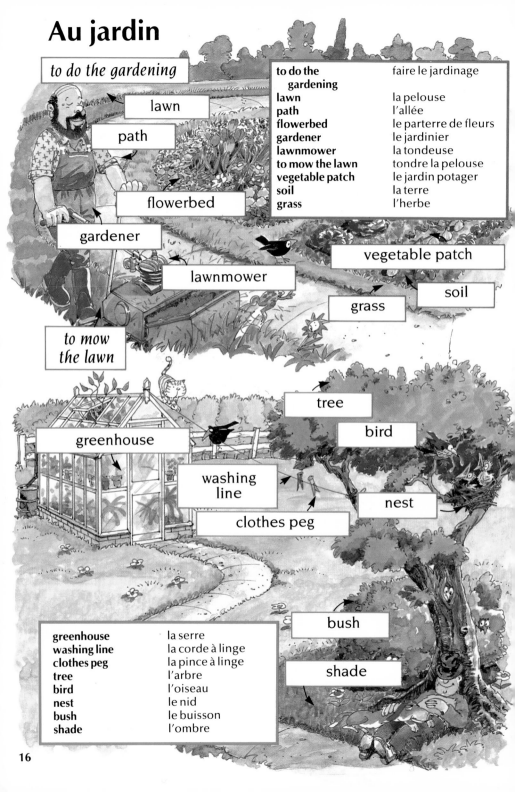

*to do the gardening*

lawn

path

flowerbed

gardener

lawnmower

*to mow the lawn*

vegetable patch

soil

grass

| | |
|---|---|
| **to do the gardening** | faire le jardinage |
| **lawn** | la pelouse |
| **path** | l'allée |
| **flowerbed** | le parterre de fleurs |
| **gardener** | le jardinier |
| **lawnmower** | la tondeuse |
| **to mow the lawn** | tondre la pelouse |
| **vegetable patch** | le jardin potager |
| **soil** | la terre |
| **grass** | l'herbe |

tree

bird

greenhouse

washing line

nest

clothes peg

bush

shade

| | |
|---|---|
| **greenhouse** | la serre |
| **washing line** | la corde à linge |
| **clothes peg** | la pince à linge |
| **tree** | l'arbre |
| **bird** | l'oiseau |
| **nest** | le nid |
| **bush** | le buisson |
| **shade** | l'ombre |

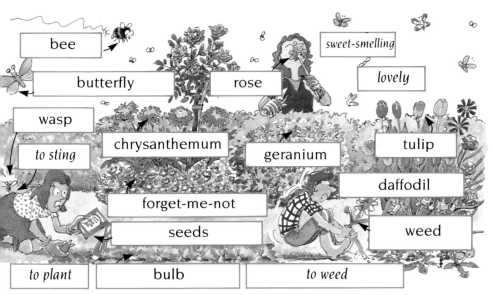

bee

butterfly

rose

sweet-smelling

lovely

wasp

to sting

chrysanthemum

geranium

tulip

daffodil

forget-me-not

seeds

weed

to plant

bulb

to weed

| | | | |
|---|---|---|---|
| **bee** | l'abeille | **tulip** | la tulipe |
| **butterfly** | le papillon | **forget-me-not** | le myosotis |
| **wasp** | la guêpe | **daffodil** | la jonquille |
| **to sting** | piquer | **seeds** | les graines |
| **rose** | la rose | **to plant** | planter |
| **sweet-smelling** | parfumé | **bulb** | le bulbe |
| **lovely, beautiful** | beau | **to weed** | désherber |
| **chrysanthemum** | le chrysanthème | **weed** | la mauvaise herbe |
| **geranium** | le géranium | | |

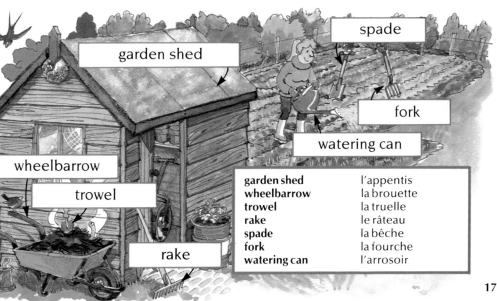

spade

garden shed

fork

watering can

wheelbarrow

trowel

rake

| | |
|---|---|
| **garden shed** | l'appentis |
| **wheelbarrow** | la brouette |
| **trowel** | la truelle |
| **rake** | le râteau |
| **spade** | la bêche |
| **fork** | la fourche |
| **watering can** | l'arrosoir |

17

# Les animaux familiers

| | |
|---|---|
| dog | le chien |
| kennel | la niche |
| puppy | le chiot |
| fur | la fourrure |
| paw | la patte |
| playful | joueur |
| to bark | aboyer |
| BEWARE OF THE DOG | ATTENTION, CHIEN MECHANT |
| to chase | courir après |
| to fetch | aller chercher |
| tail | la queue |
| to wag its tail | remuer la queue |
| to growl | gronder |
| to walk the dog | promener le chien |

dog

kennel

puppy

fur

paw

playful

to bark

BEWARE OF THE DOG

to chase

to growl

to fetch

tail

to wag its tail

to walk the dog

| | |
|---|---|
| cat | le chat |
| basket | le panier |
| to purr | ronronner |
| kitten | le chaton |
| to mew | miauler |
| to stretch | s'étirer |
| claw | la griffe |
| soft | doux |
| sweet | mignon |

cat

basket

to purr

kitten

to mew

to stretch

claw

soft

sweet

| budgie | la perruche | rabbit | le lapin |
|--------|-----------|--------|----------|
| to perch | se percher | tortoise | la tortue |
| wing | l'aile | cage | la cage |
| beak | le bec | to feed | donner à manger |
| feather | la plume | goldfish | le poisson rouge |
| hamster | le hamster | mouse (pl: mice) | la souris |
| hedgehog | le hérisson | bowl | le bocal |
| guinea pig | le cochon d'Inde | | |

budgie

wing

hamster

to perch

beak

feather

hedgehog

guinea pig

rabbit

tortoise

cage

to feed

goldfish

mouse

bowl

# On se lève!

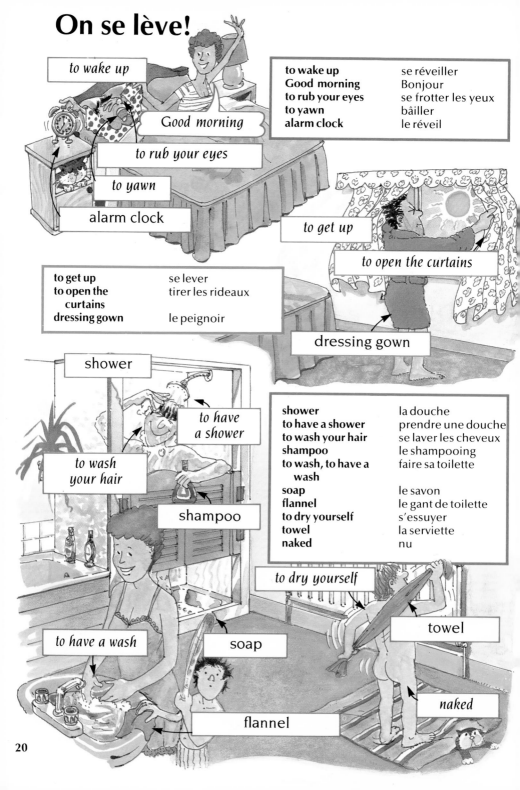

to wake up

Good morning

to rub your eyes

to yawn

alarm clock

| | |
|---|---|
| to wake up | se réveiller |
| Good morning | Bonjour |
| to rub your eyes | se frotter les yeux |
| to yawn | bâiller |
| alarm clock | le réveil |

to get up

to open the curtains

| | |
|---|---|
| to get up | se lever |
| to open the curtains | tirer les rideaux |
| dressing gown | le peignoir |

dressing gown

shower

to have a shower

to wash your hair

shampoo

| | |
|---|---|
| shower | la douche |
| to have a shower | prendre une douche |
| to wash your hair | se laver les cheveux |
| shampoo | le shampooing |
| to wash, to have a wash | faire sa toilette |
| soap | le savon |
| flannel | le gant de toilette |
| to dry yourself | s'essuyer |
| towel | la serviette |
| naked | nu |

to dry yourself

towel

to have a wash

soap

naked

flannel

20

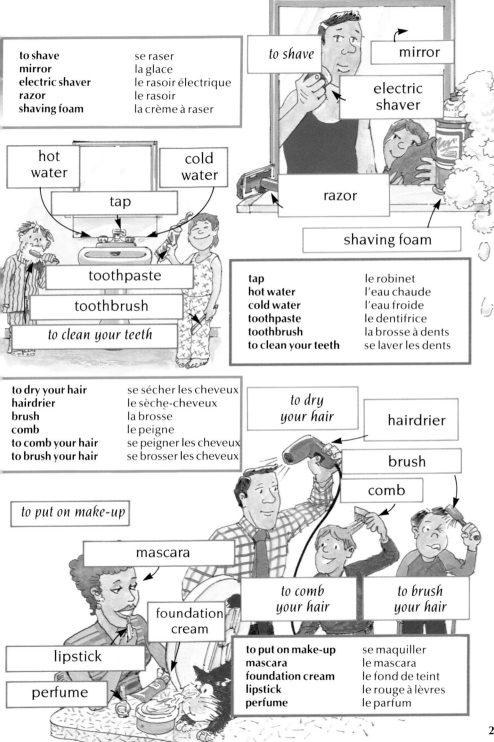

| | |
|---|---|
| **to shave** | se raser |
| **mirror** | la glace |
| **electric shaver** | le rasoir électrique |
| **razor** | le rasoir |
| **shaving foam** | la crème à raser |

*to shave*

mirror

electric shaver

razor

shaving foam

hot water

cold water

tap

toothpaste

toothbrush

*to clean your teeth*

| | |
|---|---|
| **tap** | le robinet |
| **hot water** | l'eau chaude |
| **cold water** | l'eau froide |
| **toothpaste** | le dentifrice |
| **toothbrush** | la brosse à dents |
| **to clean your teeth** | se laver les dents |

| | |
|---|---|
| **to dry your hair** | se sécher les cheveux |
| **hairdrier** | le sèche-cheveux |
| **brush** | la brosse |
| **comb** | le peigne |
| **to comb your hair** | se peigner les cheveux |
| **to brush your hair** | se brosser les cheveux |

*to dry your hair*

hairdrier

brush

comb

*to put on make-up*

mascara

*to comb your hair*

*to brush your hair*

foundation cream

lipstick

perfume

| | |
|---|---|
| **to put on make-up** | se maquiller |
| **mascara** | le mascara |
| **foundation cream** | le fond de teint |
| **lipstick** | le rouge à lèvres |
| **perfume** | le parfum |

# Les vêtements

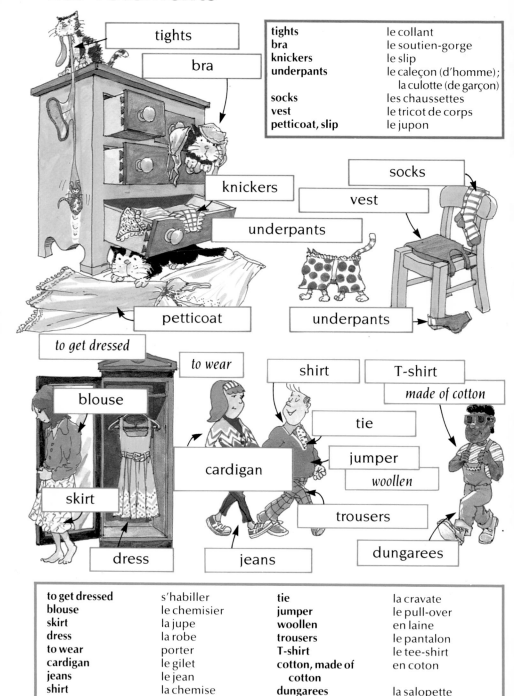

tights

bra

| | |
|---|---|
| tights | le collant |
| bra | le soutien-gorge |
| knickers | le slip |
| underpants | le caleçon (d'homme) ; la culotte (de garçon) |
| socks | les chaussettes |
| vest | le tricot de corps |
| petticoat, slip | le jupon |

knickers

socks

vest

underpants

petticoat

underpants

to get dressed

to wear

shirt

T-shirt

*made of cotton*

blouse

tie

jumper

*woollen*

cardigan

skirt

trousers

dress

jeans

dungarees

| | | | |
|---|---|---|---|
| to get dressed | s'habiller | tie | la cravate |
| blouse | le chemisier | jumper | le pull-over |
| skirt | la jupe | woollen | en laine |
| dress | la robe | trousers | le pantalon |
| to wear | porter | T-shirt | le tee-shirt |
| cardigan | le gilet | cotton, made of cotton | en coton |
| jeans | le jean | | |
| shirt | la chemise | dungarees | la salopette |

22

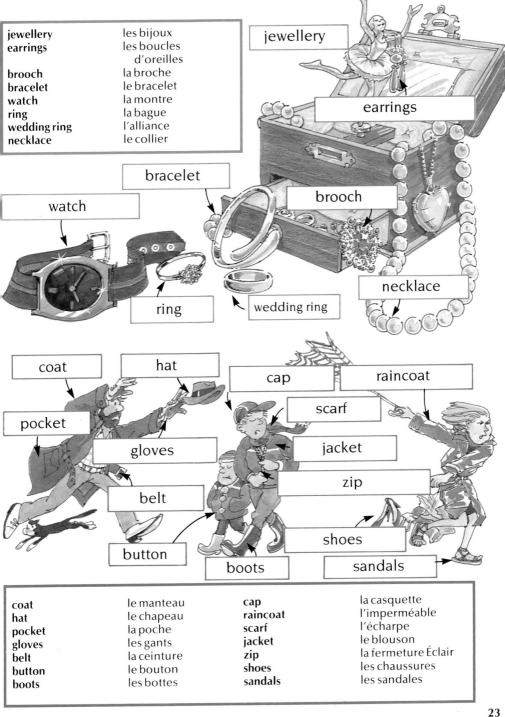

| | | | |
|---|---|---|---|
| jewellery | les bijoux | | |
| earrings | les boucles d'oreilles | | |
| brooch | la broche | | |
| bracelet | le bracelet | | |
| watch | la montre | | |
| ring | la bague | | |
| wedding ring | l'alliance | | |
| necklace | le collier | | |

jewellery

earrings

bracelet

watch

brooch

necklace

ring

wedding ring

coat

hat

cap

raincoat

pocket

scarf

gloves

jacket

belt

zip

button

shoes

boots

sandals

| | | | |
|---|---|---|---|
| coat | le manteau | cap | la casquette |
| hat | le chapeau | raincoat | l'imperméable |
| pocket | la poche | scarf | l'écharpe |
| gloves | les gants | jacket | le blouson |
| belt | la ceinture | zip | la fermeture Éclair |
| button | le bouton | shoes | les chaussures |
| boots | les bottes | sandals | les sandales |

# On va se coucher

| | |
|---|---|
| bedtime | l'heure d'aller se coucher |
| to switch the light on | allumer |
| to be sleepy | avoir sommeil |
| to tidy up | ranger ses affaires |
| to get undressed | se déshabiller |

**bedtime**

**to switch the light on**

**to be sleepy**

**to tidy up**

**to get undressed**

**to run a bath**

**to have a bath**

**bath**

**plug**

**bathrobe**

**to splash**

**bathmat**

**scales**

| | |
|---|---|
| to run a bath | faire couler un bain |
| to have a bath | prendre un bain |
| bath | le bain, la baignoire |
| plug | la bonde |
| bathrobe | le peignoir de bain |
| to splash | éclabousser |
| bathmat | le tapis de bain |
| scales | la balance |

24

**to go to bed**

**pyjamas**

**nightdress**

**slippers**

| to go to bed | aller au lit |
| pyjamas | le pyjama |
| nightdress | la chemise de nuit |
| slippers | les pantoufles |

**lullaby**

**to read a story**

**cot**

**to fall asleep**

| lullaby | la berceuse |
| to read a story | lire une histoire |
| cot | le lit d'enfant |
| to fall asleep | s'endormir |

**Good-night.**

**Sleep well.**

**to dream**

**to snore**

**to sleep**

**pillow**

to switch the light off

**bedside lamp**

**sheet**

**duvet**

**bedspread**

**bedside table**

**bed**

| Good-night. | Bonne nuit. | bedside table | la table de chevet |
| Sleep well. | Dormez bien. | duvet | la couette |
| to dream | rêver | bed | le lit |
| to sleep | dormir | to snore | ronfler |
| to switch the light off | éteindre | pillow | l'oreiller |
| | | sheet | le drap |
| bedside lamp | la lampe de chevet | bedspread | le dessus-de-lit |

25

# Boire et manger

| | |
|---|---|
| to lay the table | mettre le couvert |
| It's ready! | A table! |
| coffee-pot | la cafetière |
| teapot | la théière |
| napkin | la serviette de table |
| glass | le verre |
| bowl | le bol |
| plate | l'assiette |
| cup | la tasse |
| saucer | la soucoupe |
| tablecloth | la nappe |
| jug | le pot |
| spoon | la cuillère |
| knife | le couteau |
| fork | la fourchette |

to lay the table

It's ready!

coffee-pot

teapot

glass

cup

napkin

spoon

saucer

knife

bowl

plate

jug

fork

tablecloth

Help yourselves.

Enjoy your meal!

to be hungry

to be thirsty

to eat

to drink

It tastes good.

to have eaten well

| | |
|---|---|
| Help yourselves. | Servez-vous. |
| Enjoy your meal! | Bon appétit! |
| to be thirsty | avoir soif |
| to drink | boire |
| to be hungry | avoir faim |
| to eat | manger |
| It tastes good. | C'est très bon. |
| to have eaten well | avoir bien mangé |

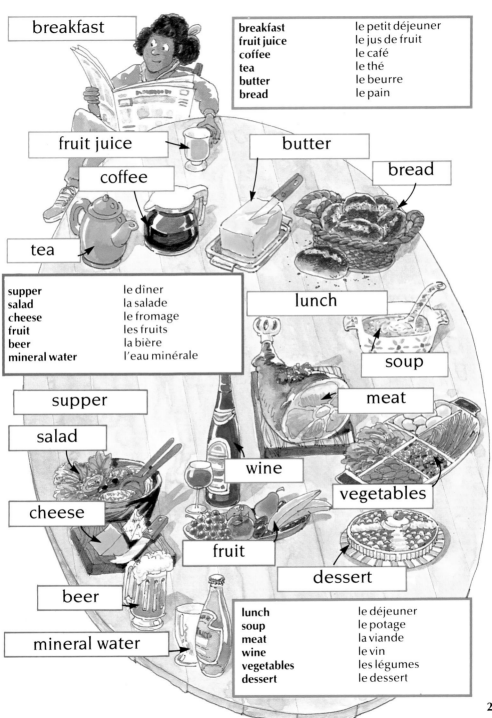

breakfast

| breakfast | le petit déjeuner |
| fruit juice | le jus de fruit |
| coffee | le café |
| tea | le thé |
| butter | le beurre |
| bread | le pain |

fruit juice

butter

coffee

bread

tea

| supper | le dîner |
| salad | la salade |
| cheese | le fromage |
| fruit | les fruits |
| beer | la bière |
| mineral water | l'eau minérale |

lunch

soup

supper

meat

salad

wine

cheese

vegetables

fruit

dessert

beer

mineral water

| lunch | le déjeuner |
| soup | le potage |
| meat | la viande |
| wine | le vin |
| vegetables | les légumes |
| dessert | le dessert |

27

# Faire les courses

meat

paté

French salami

leg of lamb

pork chop

steak

chicken

| | |
|---|---|
| meat | la viande |
| paté | le pâté |
| French salami | le saucisson |
| leg of lamb | le gigot d'agneau |
| pork chop | la côte de porc |
| chicken | le poulet |
| steak | le bifteck |
| ham | le jambon |
| veal | le veau |
| sausage | la saucisse |

ham

veal

sausage

pea

vegetables

*fresh*

carrot

spinach

cabbage

garlic

cauliflower

onion

Brussels sprout

lettuce

*raw*

tomato

green bean

potato

| | | | |
|---|---|---|---|
| vegetables | les légumes | cauliflower | le chou-fleur |
| fresh | frais | Brussels sprout | le chou de Bruxelles |
| cabbage | le chou | lettuce | la salade |
| garlic | l'ail | raw | cru |
| onion | l'oignon | tomato | la tomate |
| pea | le petit pois | green bean | le haricot vert |
| carrot | la carotte | potato | la pomme de terre |
| spinach | les épinards | | |

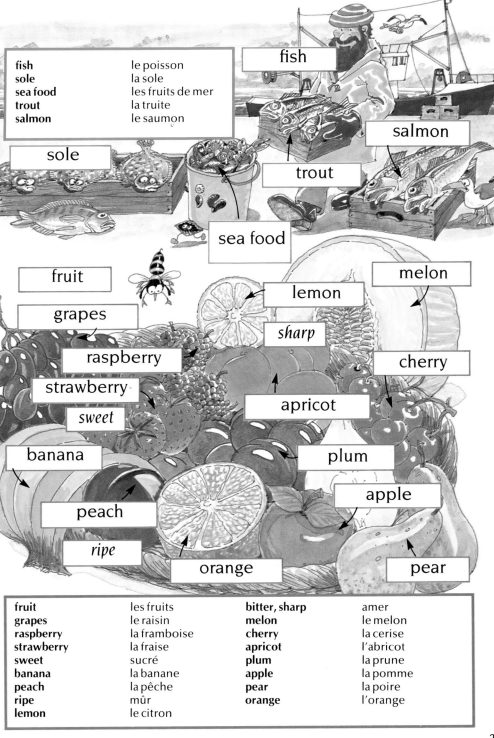

| fish | le poisson |
| sole | la sole |
| sea food | les fruits de mer |
| trout | la truite |
| salmon | le saumon |

fish

sole

salmon

trout

sea food

fruit

grapes

melon

lemon

*sharp*

raspberry

cherry

strawberry

apricot

*sweet*

banana

plum

apple

peach

*ripe*

orange

pear

| fruit | les fruits | bitter, sharp | amer |
| grapes | le raisin | melon | le melon |
| raspberry | la framboise | cherry | la cerise |
| strawberry | la fraise | apricot | l'abricot |
| sweet | sucré | plum | la prune |
| banana | la banane | apple | la pomme |
| peach | la pêche | pear | la poire |
| ripe | mûr | orange | l'orange |
| lemon | le citron | | |

# Faire les courses

| | |
|---|---|
| pasta | les pâtes |
| noodles | les nouilles |
| beans | les haricots |
| cream | la crème |
| milk | le lait |
| margarine | la margarine |
| yoghurt | le yaourt |
| honey | le miel |
| eggs | les oeufs |
| jam | la confiture |
| sugar | le sucre |
| flour | la farine |

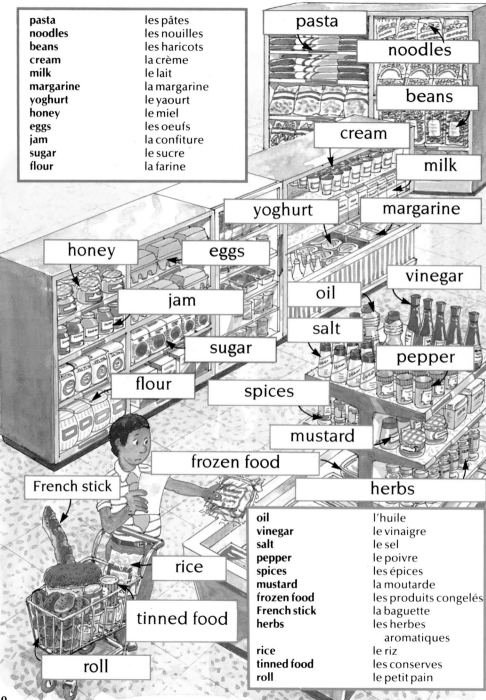

pasta

noodles

beans

cream

milk

yoghurt

margarine

honey

eggs

vinegar

oil

jam

salt

sugar

pepper

flour

spices

mustard

frozen food

herbs

French stick

rice

tinned food

roll

| | |
|---|---|
| oil | l'huile |
| vinegar | le vinaigre |
| salt | le sel |
| pepper | le poivre |
| spices | les épices |
| mustard | la moutarde |
| frozen food | les produits congelés |
| French stick | la baguette |
| herbs | les herbes |
| | aromatiques |
| rice | le riz |
| tinned food | les conserves |
| roll | le petit pain |

| chocolate | le chocolat |
| biscuit | le biscuit |
| tart | la tarte |
| doughnut | le beignet |
| cake | le gâteau |
| ice-cream | la glace |
| pastry | la pâtisserie |

chocolate

biscuit

tart

doughnut

pastry

cake

ice-cream

to cook

recipe

to taste

flavour

ingredients

to mix

Delicious!

| to cook | faire la cuisine |
| recipe | la recette |
| ingredients | les ingrédients |
| to mix | mélanger |
| to taste | goûter |
| flavour, taste | le goût |
| Delicious! | Délicieux! |

# Les passe-temps

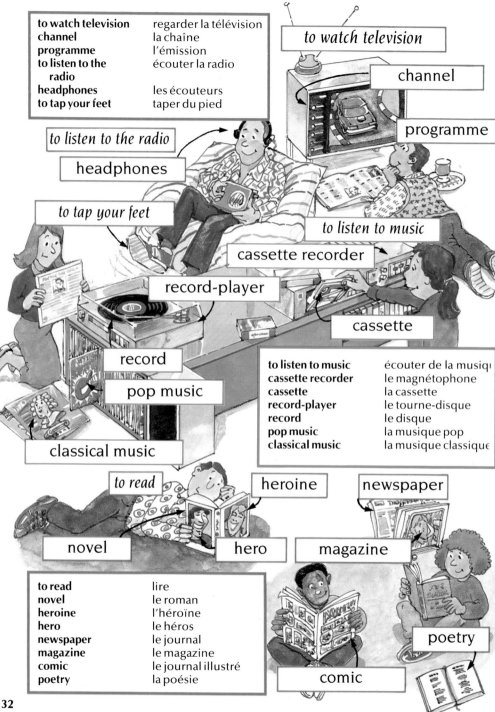

| | |
|---|---|
| to watch television | regarder la télévision |
| channel | la chaîne |
| programme | l'émission |
| to listen to the radio | écouter la radio |
| headphones | les écouteurs |
| to tap your feet | taper du pied |

*to watch television*

channel

programme

*to listen to the radio*

headphones

*to tap your feet*

*to listen to music*

cassette recorder

record-player

cassette

record

pop music

| | |
|---|---|
| to listen to music | écouter de la musiqu |
| cassette recorder | le magnétophone |
| cassette | la cassette |
| record-player | le tourne-disque |
| record | le disque |
| pop music | la musique pop |
| classical music | la musique classique |

classical music

*to read*

heroine

newspaper

novel

hero

magazine

| | |
|---|---|
| to read | lire |
| novel | le roman |
| heroine | l'héroïne |
| hero | le héros |
| newspaper | le journal |
| magazine | le magazine |
| comic | le journal illustré |
| poetry | la poésie |

poetry

comic

to knit

knitting needles

pattern

| to knit | tricoter |
|---|---|
| knitting needles | les aiguilles à tricoter |
| pattern | le patron |
| wool | la laine |

wool

to sew

| to sew | coudre |
|---|---|
| fabric | le tissu |
| scissors | les ciseaux |
| thread | le fil |
| pin | l'épingle |
| needle | l'aiguille |
| to make | faire |

fabric

thread

to make

needle

scissors

pin

woodwork

to do odd jobs

hammer

skilful

to mend

screwdriver

saw

to make

| woodwork | la menuiserie |
|---|---|
| to do odd jobs | bricoler |
| saw | la scie |
| to make, to manufacture | fabriquer |
| hammer | le marteau |
| skilful, good with your hands | adroit |
| to mend | réparer |
| screwdriver | le tournevis |

# Les passe-temps

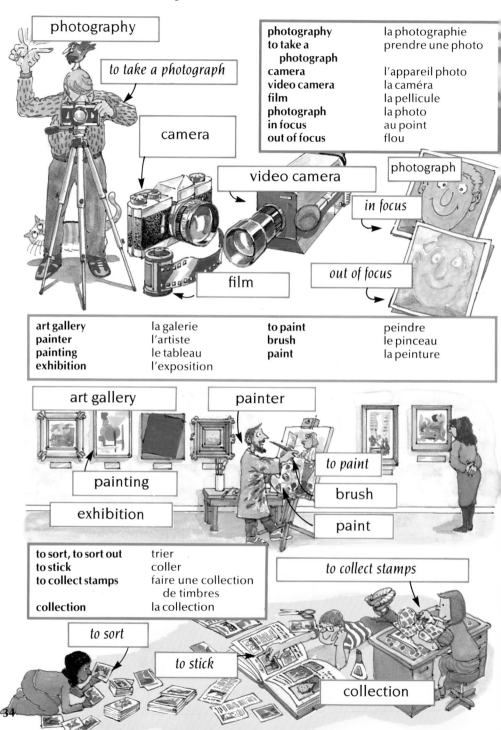

photography

to take a photograph

camera

| photography | la photographie |
| to take a photograph | prendre une photo |
| camera | l'appareil photo |
| video camera | la caméra |
| film | la pellicule |
| photograph | la photo |
| in focus | au point |
| out of focus | flou |

video camera

photograph

in focus

out of focus

film

| art gallery | la galerie | to paint | peindre |
| painter | l'artiste | brush | le pinceau |
| painting | le tableau | paint | la peinture |
| exhibition | l'exposition | | |

art gallery

painter

painting

to paint

brush

exhibition

paint

| to sort, to sort out | trier |
| to stick | coller |
| to collect stamps | faire une collection de timbres |
| collection | la collection |

to collect stamps

to sort

to stick

collection

34

| | | | |
|---|---|---|---|
| musician | le musicien (m/f) | to play the drums | jouer du tambour |
| instrument | l'instrument | to play the trumpet | jouer de la trompette |
| to play the violin | jouer du violon | to play the cello | jouer du violoncelle |
| to play the piano | jouer du piano | orchestra | l'orchestre |
| to play the guitar | jouer de la guitare | conductor | le chef d'orchestre |

musician

instrument

to play the piano

to play the violin

to play the drums

to play the guitar

to play the cello

to play the trumpet

orchestra

conductor

to sing

tune

| | |
|---|---|
| to sing | chanter |
| tune | l'air |
| choir | le choeur |
| to sing out of tune | chanter faux |

to sing out of tune

games

choir

to play cards

to play draughts

| | |
|---|---|
| games | les jeux |
| to play cards | jouer aux cartes |
| to play draughts | jouer aux dames |
| to play chess | jouer aux échecs |
| board game | le jeu de société |

board game

to play chess

35

# On sort!

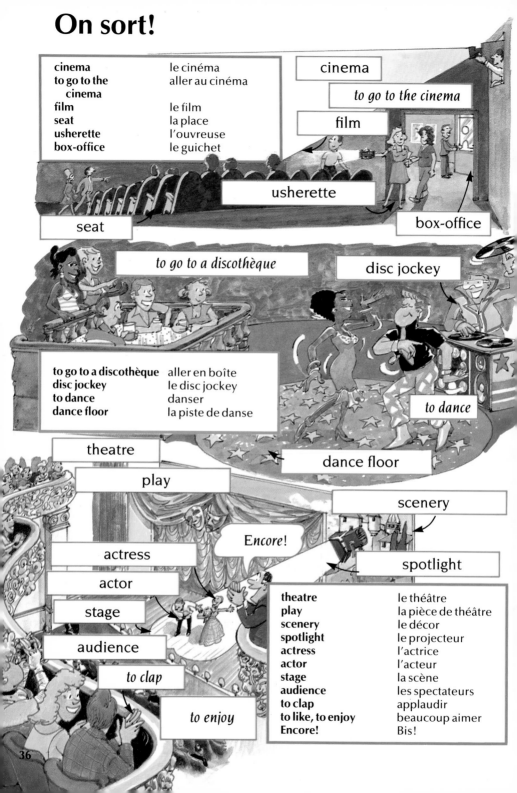

| | |
|---|---|
| cinema | le cinéma |
| to go to the cinema | aller au cinéma |
| film | le film |
| seat | la place |
| usherette | l'ouvreuse |
| box-office | le guichet |

cinema

to go to the cinema

film

usherette

box-office

seat

to go to a discothèque

disc jockey

| | |
|---|---|
| to go to a discothèque | aller en boîte |
| disc jockey | le disc jockey |
| to dance | danser |
| dance floor | la piste de danse |

to dance

theatre

play

dance floor

scenery

Encore!

actress

spotlight

actor

stage

audience

to clap

| | |
|---|---|
| theatre | le théâtre |
| play | la pièce de théâtre |
| scenery | le décor |
| spotlight | le projecteur |
| actress | l'actrice |
| actor | l'acteur |
| stage | la scène |
| audience | les spectateurs |
| to clap | applaudir |
| to like, to enjoy | beaucoup aimer |
| Encore! | Bis! |

to enjoy

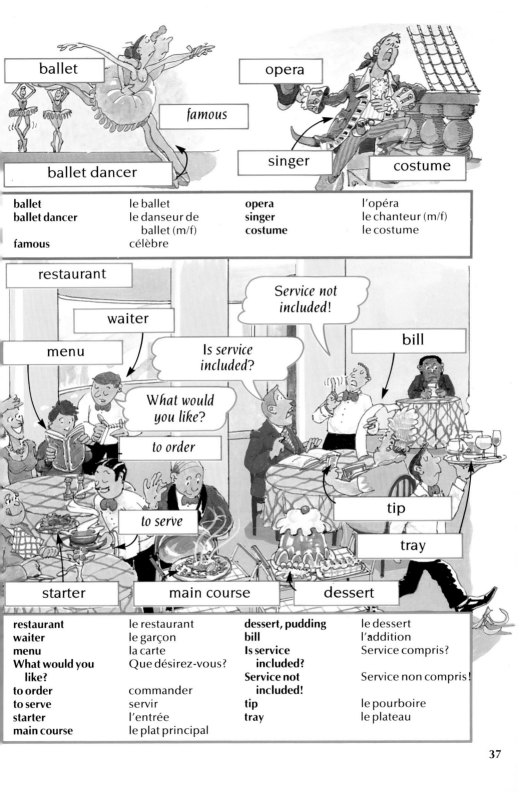

**ballet**

**opera**

**famous**

**singer**

**ballet dancer**

**costume**

| ballet | le ballet | opera | l'opéra |
|---|---|---|---|
| ballet dancer | le danseur de ballet (m/f) | singer | le chanteur (m/f) |
| | | costume | le costume |
| famous | célèbre | | |

**restaurant**

*Service not included!*

**waiter**

*Is service included?*

**bill**

**menu**

*What would you like?*

*to order*

*tip*

*to serve*

*tray*

**starter**      **main course**      **dessert**

| restaurant | le restaurant | dessert, pudding | le dessert |
|---|---|---|---|
| waiter | le garçon | bill | l'addition |
| menu | la carte | Is service included? | Service compris? |
| What would you like? | Que désirez-vous? | | |
| | | Service not included! | Service non compris! |
| to order | commander | tip | le pourboire |
| to serve | servir | tray | le plateau |
| starter | l'entrée | | |
| main course | le plat principal | | |

37

# Au zoo

| | |
|---|---|
| zoo | le zoo |
| animal | l'animal |
| zebra | le zèbre |
| giraffe | la girafe |
| polar bear | l'ours blanc |
| elephant | l'éléphant |
| trunk | la trompe |
| tusk | la défense |
| gorilla | le gorille |
| wild | sauvage |
| tame | apprivoisé |
| to feed | donner à manger |
| zoo keeper | le gardien de zoo |

zoo

animal

zebra

giraffe

polar bear

trunk

elephant

gorilla

wild

tame

tusk

to feed

zoo keeper

# Au jardin public

| | |
|---|---|
| park | le parc, le jardin public |
| pond | le bassin |
| rowing boat | le canot à rames |
| to row | ramer |
| oar | la rame |
| picnic | le pique-nique |
| bench | le banc |
| to rest | se reposer |

park

pond

oar

rowing boat

to row

to rest

picnic

bench

38

monkey

kangaroo

camel

ostrich

hump

| | |
|---|---|
| monkey | le singe |
| kangaroo | le kangourou |
| ostrich | l'autruche |
| camel | le chameau |
| hump | la bosse |
| eagle | l'aigle |
| penguin | le pingouin |
| hippopotamus | l'hippopotame |
| cage | la cage |
| lion | le lion |
| to roar | rugir |
| tiger | le tigre |
| snake | le serpent |

eagle

cage

lion

penguin

to roar

tiger

hippopotamus

snake

park keeper

swing

| | |
|---|---|
| park keeper | le gardien |
| swing | la balançoire |
| to keep an eye on | surveiller |
| to climb | grimper |
| to dig | creuser |
| slide | le toboggan |
| roundabout | le manège |
| to hang on | s'accrocher |

to keep an eye on

to climb

slide

roundabout

to dig

to hang on

39

# En ville

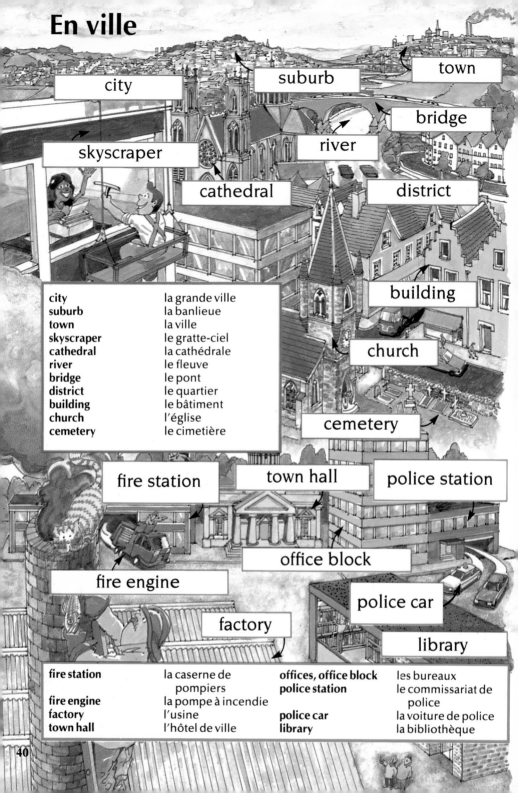

city
suburb
town

bridge

river

skyscraper

cathedral

district

building

church

cemetery

| | |
|---|---|
| **city** | la grande ville |
| **suburb** | la banlieue |
| **town** | la ville |
| **skyscraper** | le gratte-ciel |
| **cathedral** | la cathédrale |
| **river** | le fleuve |
| **bridge** | le pont |
| **district** | le quartier |
| **building** | le bâtiment |
| **church** | l'église |
| **cemetery** | le cimetière |

fire station

town hall

police station

fire engine

office block

police car

factory

library

| | | | |
|---|---|---|---|
| **fire station** | la caserne de pompiers | **offices, office block** | les bureaux |
| | | **police station** | le commissariat de police |
| **fire engine** | la pompe à incendie | | |
| **factory** | l'usine | **police car** | la voiture de police |
| **town hall** | l'hôtel de ville | **library** | la bibliothèque |

| | |
|---|---|
| town centre | le centre-ville |
| street | la rue |
| narrow | étroit |
| broad | large |
| corner | le coin |
| to cross the street | traverser la rue |
| pedestrian crossing | le passage clouté |
| pedestrian | le piéton |
| square | la place |
| statue | la statue |
| street light | le réverbère |
| market place | la place du marché |
| subway | le passage souterrain |

town centre

street

broad

narrow

corner

to cross the street

pedestrian crossing

pedestrian

square

statue

market place

street light

subway

| | |
|---|---|
| newspaper stand | le kiosque |
| pigeon | le pigeon |
| crowd | la foule |
| bustling, busy | affairé |
| litter bin | la boîte à ordures |
| pavement | le trottoir |
| to hurry | se dépêcher |
| advertisement | l'affiche publicitaire |

newspaper stand

pigeon

crowd

bustling

litter bin

advertisement

pavement

to hurry

# Dans les magasins

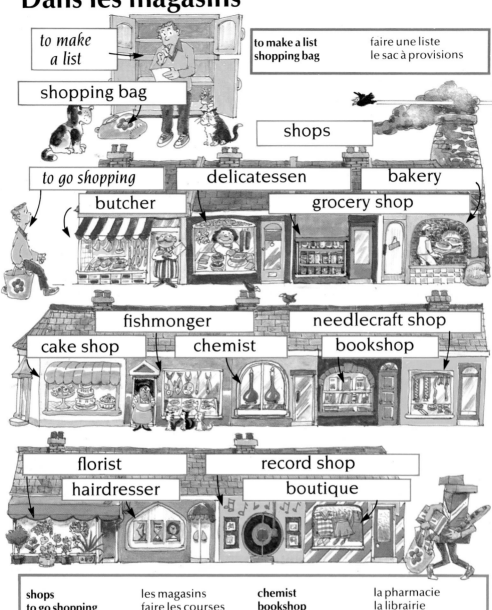

*to make a list*

shopping bag

| to make a list | faire une liste |
| shopping bag | le sac à provisions |

shops

*to go shopping*

butcher

delicatessen

bakery

grocery shop

cake shop

fishmonger

chemist

needlecraft shop

bookshop

florist

hairdresser

record shop

boutique

| shops | les magasins | chemist | la pharmacie |
| to go shopping | faire les courses | bookshop | la librairie |
| butcher | la boucherie | needlecraft shop | la mercerie |
| delicatessen | la charcuterie | florist | le fleuriste |
| grocery shop | l'épicerie | hairdresser | le coiffeur |
| bakery | la boulangerie | record shop | le marchand de disques |
| cake shop | la pâtisserie | | |
| fishmonger | la poissonnerie | boutique | la boutique |

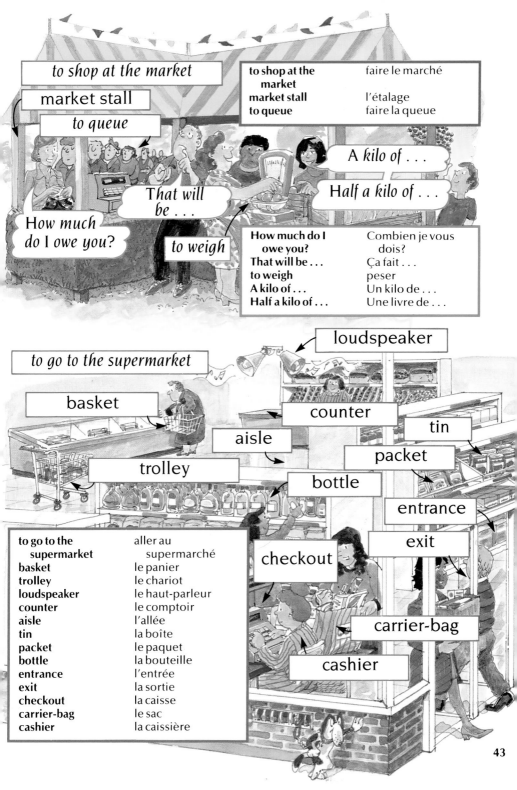

**to shop at the market**

market stall

to queue

A kilo of . . .

Half a kilo of . . .

That will be . . .

How much do I owe you?

to weigh

| to shop at the market | faire le marché |
| market stall | l'étalage |
| to queue | faire la queue |
| How much do I owe you? | Combien je vous dois? |
| That will be . . . | Ça fait . . . |
| to weigh | peser |
| A kilo of . . . | Un kilo de . . . |
| Half a kilo of . . . | Une livre de . . . |

**to go to the supermarket**

loudspeaker

basket

counter

tin

aisle

packet

trolley

bottle

entrance

exit

checkout

carrier-bag

cashier

| to go to the supermarket | aller au supermarché |
| basket | le panier |
| trolley | le chariot |
| loudspeaker | le haut-parleur |
| counter | le comptoir |
| aisle | l'allée |
| tin | la boîte |
| packet | le paquet |
| bottle | la bouteille |
| entrance | l'entrée |
| exit | la sortie |
| checkout | la caisse |
| carrier-bag | le sac |
| cashier | la caissière |

43

# Dans les magasins

| | | | |
|---|---|---|---|
| to go window-shopping | faire du lèche-vitrines | SALE | SOLDES |
| window display, shop window | la vitrine | a bargain | une bonne affaire |
| | | customer | la cliente |
| It's good value. | C'est bon marché. | to buy | acheter |
| It's expensive. | C'est cher. | shop assistant | le vendeur (m/f) |
| | | to sell | vendre |

to go window-shopping

shop window

It's good value.

It's expensive.

SALE   SALE   SALE

a bargain

customer

to buy

shop assistant

to sell

to spend money

price

receipt

Can I help you?

I would like . . .

What size is this?

small

medium

large

How much is . . .?

It costs . . .

| | | | |
|---|---|---|---|
| to spend money | dépenser de l'argent | small | petit |
| price | le prix | medium | moyen |
| receipt | le reçu | large | grand |
| Can I help you? | Vous désirez? | How much is . . .? | Combien coûte . . .? |
| I would like . . . | Je voudrais . . . | It costs . . . | Ça coûte. . . |
| What size is this? | C'est quelle taille? | | |

| | | | |
|---|---|---|---|
| **bookshop and stationer's** | la librairie-papeterie | **postcard** | la carte postale |
| **book** | le livre | **ball-point pen** | le stylo-bille |
| **paperback** | le livre de poche | **pencil** | le crayon |
| **envelope** | l'enveloppe | **writing paper** | le papier à lettres |

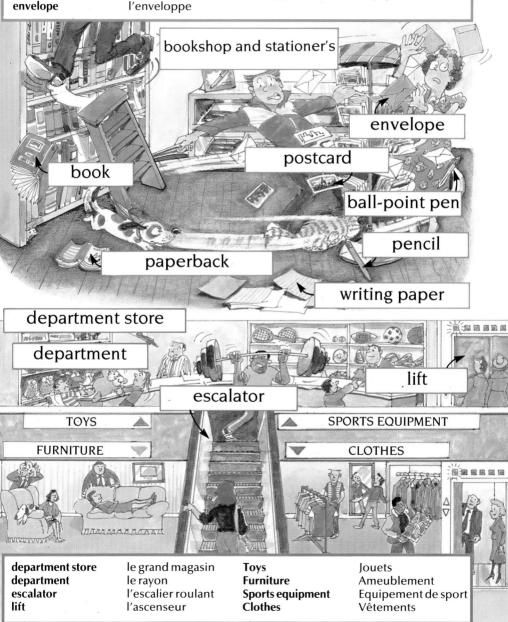

bookshop and stationer's

envelope

postcard

book

ball-point pen

pencil

paperback

writing paper

department store

department

lift

escalator

TOYS

SPORTS EQUIPMENT

FURNITURE

CLOTHES

| | | | |
|---|---|---|---|
| **department store** | le grand magasin | **Toys** | Jouets |
| **department** | le rayon | **Furniture** | Ameublement |
| **escalator** | l'escalier roulant | **Sports equipment** | Equipement de sport |
| **lift** | l'ascenseur | **Clothes** | Vêtements |

# A la poste et à la banque

| | | | |
|---|---|---|---|
| **post office** | la poste | **telegram** | le télégramme |
| **post-box** | la boîte aux lettres | **form** | la fiche |
| **to post** | mettre à la poste | **stamp** | le timbre |
| **letter** | la lettre | **airmail** | par avion |
| **parcel** | le colis | **address** | l'adresse |
| **collection times** | heures de levée | **postal code** | le code postal |
| **to send** | envoyer | | |

post office
post-box
to post
letter
collection times
postman
mail
to deliver

to send
telegram
form
parcel
airmail
stamp
address
postal code

| | |
|---|---|
| **postman** | le facteur |
| **mail** | le courrier |
| **to deliver** | distribuer |

bank

cashier

money

Have you any small change?

to change money

coin

exchange rate

note

bank manager

credit card

to put money
in the bank

to take
money out

wallet

cheque-book

to write a cheque

purse

handbag

| bank | la banque | note | le billet |
| money | l'argent | credit card | la carte de crédit |
| to change money | changer de l'argent | to put money in | mettre de l'argent en |
| exchange rate | le cours du change | the bank | banque |
| bank manager | le directeur de | to take money out | retirer de l'argent |
| | banque | cheque-book | le carnet de chèques |
| cashier | le caissier | to write a cheque | faire un chèque |
| Have you any | Avez-vous de la | wallet | le portefeuille |
| small change? | petite monnaie? | purse | le porte-monnaie |
| coin | la pièce de monnaie | handbag | le sac à main |

# Appels téléphoniques et lettres

to make a telephone call

to ring

to answer the telephone

telephone

receiver

Hello . . .

Who's speaking?

It's Laura.

to pick up the receiver

to dial the number

I'll call you back.

area code

telephone number

Goodbye.

telephone directory

to hang up

| | | | |
|---|---|---|---|
| to make a telephone call | téléphoner | telephone directory | l'annuaire |
| telephone | le téléphone | to ring | sonner |
| receiver | le récepteur | to answer the telephone | répondre au téléphone |
| to pick up the receiver | décrocher | Hello... | Allô ... |
| to dial the number | composer le numéro | Who's speaking? | Qui est à l'appareil? |
| telephone number | le numéro de téléphone | It's Laura. | C'est Laura. |
| | | I'll call you back. | Je te rappellerai. |
| area code | l'indicatif | Goodbye | Au revoir |
| | | to hang up | raccrocher |

telephone box

disaster

to dial 999

| | |
|---|---|
| telephone box | la cabine téléphonique |
| disaster | la catastrophe |
| to dial 999 | appeler police secours |

## to write a letter

Dear Sir/Madam,

12 March 1988

Thank you for your letter of . . .

Please find enclosed . . .

Yours faithfully,

. . . by return of post.

| | | | |
|---|---|---|---|
| **to write a letter** | écrire une lettre | **by return of post** | par retour du courrier |
| **Dear Sir/Madam,** | Monsieur/Madame, | **Yours faithfully,** | Je vous prie de croire, |
| **Thank you for your letter of . . .** | Je vous remercie de votre lettre du . . . | | Monsieur/Madame, à mes sentiments |
| **Please find enclosed . . .** | Veuillez trouver ci-joint . . . | | les meilleurs. |

## to open a letter

Dear Laura,

Saturday 9 January 1999

It was lovely to hear from you.

I am sending . . . separately.

Love from . . .

| | | | |
|---|---|---|---|
| **to open a letter** | ouvrir une lettre | **I am sending . . . separately.** | Je t'envoie . . . séparément. |
| **Dear Laura,** | Chère Laura, | **Love from . . .** | Bons baisers, |
| **It was lovely to hear from you.** | J'ai été très content d'avoir de tes nouvelles. | | |

## to send a postcard

Having a lovely time.
Thinking of you.

## to send a telegram

Urgent message
stop phone
home stop

| | | | |
|---|---|---|---|
| **to send a postcard** | envoyer une carte postale | **to send a telegram** | envoyer un télégramme |
| **Having a lovely time.** | Nous nous amusons beaucoup. | **Urgent message stop phone home stop** | Message urgent stop appelle maison stop |
| **Thinking of you.** | Je pense bien à toi. | | |

# Se déplacer

*to walk*

*to run*

*Which way is . . .*

signpost

*to ask the way*

map

*Is it far to . . .?*

push-chair

| | | | |
|---|---|---|---|
| **to walk** | aller à pied | **map** | la carte |
| **to run** | courir | **signpost** | le poteau indicateur |
| **push-chair** | la poussette | **Is it far to …?** | Est-ce que … est loin |
| **Which way is …?** | Pour aller à …? | | d'ici? |
| **to ask the way** | demander le chemin | | |

*to take the bus*

passenger

*to get off*

underground station

*to get on*

ticket

bus

underground

bus stop

| | | | |
|---|---|---|---|
| **to take the bus** | prendre l'autobus | **bus** | l'autobus |
| **passenger** | le passager | **bus stop** | l'arrêt d'autobus |
| **to get off** | descendre de | **underground** | la station de métro |
| **to get on** | monter dans | **station** | |
| **ticket** | le billet | **underground** | le métro |

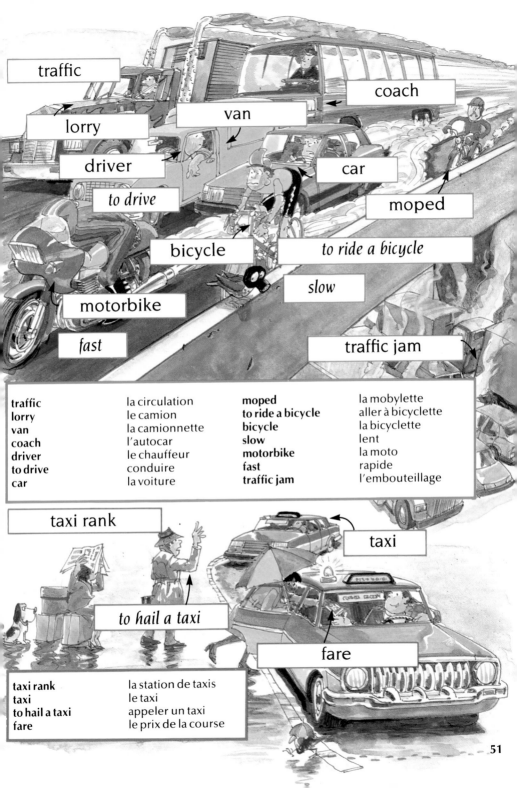

traffic

coach

van

lorry

driver

car

to drive

moped

bicycle

to ride a bicycle

slow

motorbike

fast

traffic jam

| | | | |
|---|---|---|---|
| traffic | la circulation | moped | la mobylette |
| lorry | le camion | to ride a bicycle | aller à bicyclette |
| van | la camionnette | bicycle | la bicyclette |
| coach | l'autocar | slow | lent |
| driver | le chauffeur | motorbike | la moto |
| to drive | conduire | fast | rapide |
| car | la voiture | traffic jam | l'embouteillage |

taxi rank

taxi

to hail a taxi

fare

| | |
|---|---|
| taxi rank | la station de taxis |
| taxi | le taxi |
| to hail a taxi | appeler un taxi |
| fare | le prix de la course |

# Conduire

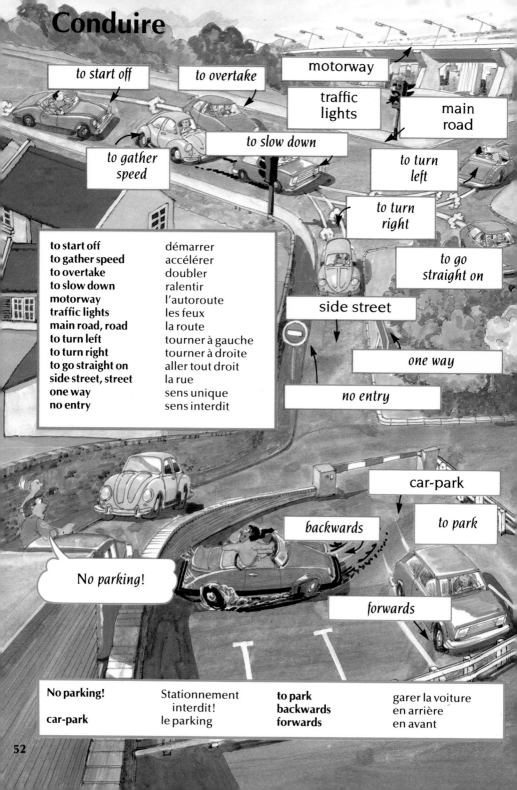

to start off

to overtake

motorway

traffic lights

main road

to slow down

to gather speed

to turn left

to turn right

to go straight on

side street

| | |
|---|---|
| to start off | démarrer |
| to gather speed | accélérer |
| to overtake | doubler |
| to slow down | ralentir |
| motorway | l'autoroute |
| traffic lights | les feux |
| main road, road | la route |
| to turn left | tourner à gauche |
| to turn right | tourner à droite |
| to go straight on | aller tout droit |
| side street, street | la rue |
| one way | sens unique |
| no entry | sens interdit |

one way

no entry

car-park

backwards

to park

No parking!

forwards

| | | | |
|---|---|---|---|
| No parking! | Stationnement interdit! | to park | garer la voiture |
| car-park | le parking | backwards | en arrière |
| | | forwards | en avant |

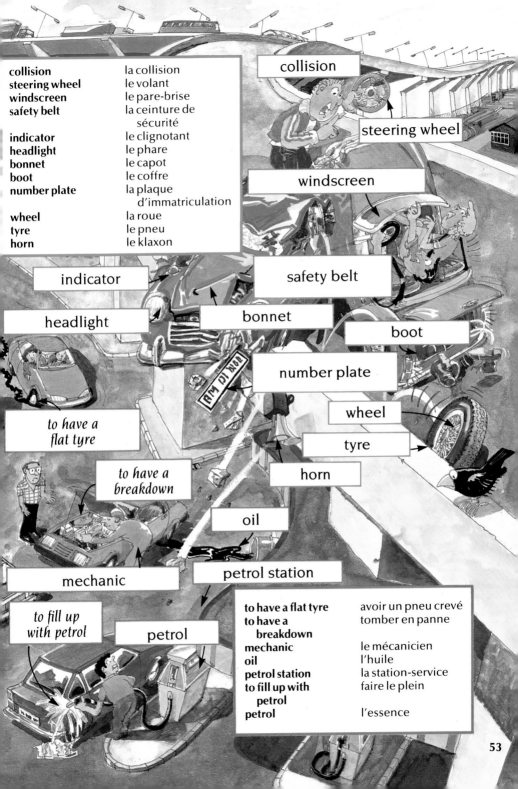

| collision | la collision |
| steering wheel | le volant |
| windscreen | le pare-brise |
| safety belt | la ceinture de sécurité |
| indicator | le clignotant |
| headlight | le phare |
| bonnet | le capot |
| boot | le coffre |
| number plate | la plaque d'immatriculation |
| wheel | la roue |
| tyre | le pneu |
| horn | le klaxon |

collision

steering wheel

windscreen

safety belt

indicator

headlight

bonnet

boot

number plate

wheel

tyre

horn

*to have a flat tyre*

*to have a breakdown*

oil

mechanic

petrol station

*to fill up with petrol*

petrol

| to have a flat tyre | avoir un pneu crevé |
| to have a breakdown | tomber en panne |
| mechanic | le mécanicien |
| oil | l'huile |
| petrol station | la station-service |
| to fill up with petrol | faire le plein |
| petrol | l'essence |

53

# Prendre le train

station

left luggage office

porter

ticket collector

waiting-room

barrier

timetable

traveller

The train to . . .

ticket office

The train from . . .

ticket

return ticket

season ticket

ticket machine

to reserve a seat

platform ticket

| | | | |
|---|---|---|---|
| **station** | la gare | **The train from . . .** | Le train en provenance de . . . |
| **porter** | le porteur | | |
| **left luggage office** | la consigne | **ticket office** | le guichet |
| **ticket collector** | le contrôleur | **ticket** | le billet |
| **waiting-room** | la salle d'attente | **return ticket** | le billet aller retour |
| **barrier** | la barrière | **season ticket** | la carte d'abonnement |
| **traveller** | le voyageur | **ticket machine** | le distributeur automatique |
| **timetable** | l'horaire | | |
| **The train to . . .** | Le train à destination de . . . | **platform ticket** | le ticket de quai |
| | | **to reserve a seat** | réserver une place |

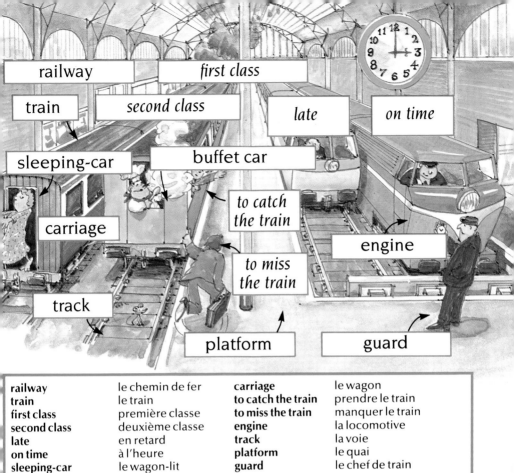

railway

first class

train

second class

late

on time

sleeping-car

buffet car

carriage

to catch the train

to miss the train

engine

track

platform

guard

| | | | |
|---|---|---|---|
| **railway** | le chemin de fer | **carriage** | le wagon |
| **train** | le train | **to catch the train** | prendre le train |
| **first class** | première classe | **to miss the train** | manquer le train |
| **second class** | deuxième classe | **engine** | la locomotive |
| **late** | en retard | **track** | la voie |
| **on time** | à l'heure | **platform** | le quai |
| **sleeping-car** | le wagon-lit | **guard** | le chef de train |
| **buffet car** | le wagon-restaurant | | |

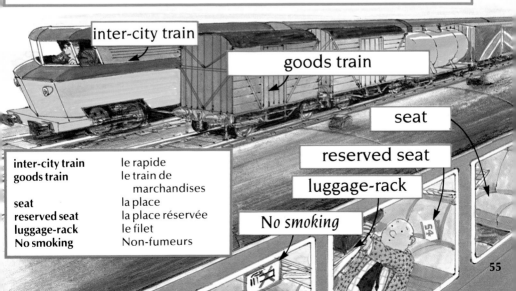

inter-city train

goods train

seat

reserved seat

luggage-rack

No smoking

| | |
|---|---|
| **inter-city train** | le rapide |
| **goods train** | le train de marchandises |
| **seat** | la place |
| **reserved seat** | la place réservée |
| **luggage-rack** | le filet |
| **No smoking** | Non-fumeurs |

# Prendre l'avion et le bateau

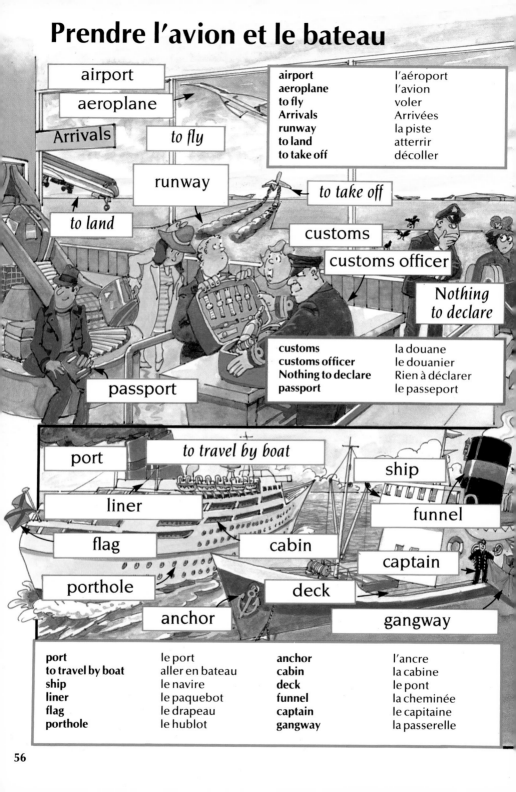

airport

aeroplane

Arrivals

to fly

runway

to land

to take off

customs

customs officer

Nothing to declare

passport

| airport | l'aéroport |
| aeroplane | l'avion |
| to fly | voler |
| Arrivals | Arrivées |
| runway | la piste |
| to land | atterrir |
| to take off | décoller |

| customs | la douane |
| customs officer | le douanier |
| Nothing to declare | Rien à déclarer |
| passport | le passeport |

port

to travel by boat

ship

liner

funnel

flag

cabin

captain

porthole

deck

anchor

gangway

| port | le port | anchor | l'ancre |
| to travel by boat | aller en bateau | cabin | la cabine |
| ship | le navire | deck | le pont |
| liner | le paquebot | funnel | la cheminée |
| flag | le drapeau | captain | le capitaine |
| porthole | le hublot | gangway | la passerelle |

| | | | |
|---|---|---|---|
| **Departures** | Départs | **pilot** | le pilote |
| **duty-free shop** | le magasin hors-taxe | **crew** | l'équipage |
| **check-in** | l'enregistrement | **air hostess** | l'hôtesse de l'air |
| **airline ticket** | le billet d'avion | **to board** | embarquer |
| **label** | l'étiquette | **suitcase** | la valise |
| **trolley** | le chariot | **hand luggage** | les bagages à |
| **Fasten your** | Attachez vos | | main |
| **seatbelts.** | ceintures. | | |

Departures

duty-free shop

check-in

airline ticket

label

trolley

*Fasten your seatbelts.*

pilot

crew

air hostess

suitcase

*to board*

hand luggage

ferry

crossing

docks

*to be seasick*

cargo

*to load*

*to unload*

hold

sailor

| | |
|---|---|
| **ferry** | le car-ferry |
| **crossing** | la traversée |
| **to be seasick** | avoir le mal de mer |
| **docks** | le dock |
| **cargo** | la cargaison |
| **to load** | charger |
| **to unload** | décharger |
| **hold** | la cale |
| **sailor** | le marin |

# Les vacances

to go on holiday

to pack

tourist

| | |
|---|---|
| to go on holiday | aller en vacances |
| to pack | faire sa valise |
| suntan lotion | la crème solaire |
| sunglasses | les lunettes de |
| | soleil |
| tourist | le touriste (m/f) |
| to visit, to sightsee | visiter |

suntan lotion

sunglasses

to sightsee

hotel

to stay in a hotel

reception

porter

with bathroom

single room

with balcony

double room

to reserve a room

guest house

fully booked

| | | | |
|---|---|---|---|
| hotel | l'hôtel | to reserve a room | réserver une chambre |
| to stay in a hotel | rester à l'hôtel | fully booked | complet |
| reception | la réception | with bathroom | avec salle de bain |
| porter | le porteur | with balcony | avec balcon |
| single room | une chambre pour | double room | une chambre pour |
| | une personne | | deux personnes |
| guest house | la pension | | |

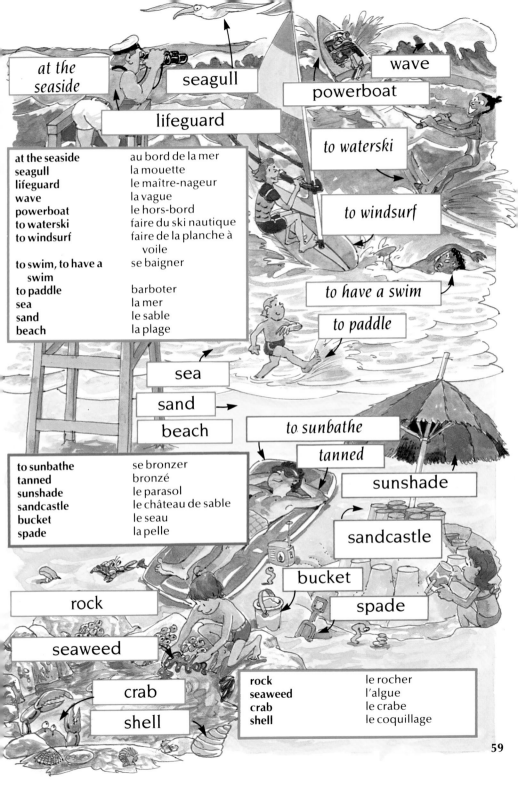

**at the seaside**

**seagull**

**lifeguard**

**wave**

**powerboat**

**to waterski**

**to windsurf**

**to have a swim**

**to paddle**

| | |
|---|---|
| at the seaside | au bord de la mer |
| seagull | la mouette |
| lifeguard | le maître-nageur |
| wave | la vague |
| powerboat | le hors-bord |
| to waterski | faire du ski nautique |
| to windsurf | faire de la planche à voile |
| to swim, to have a swim | se baigner |
| to paddle | barboter |
| sea | la mer |
| sand | le sable |
| beach | la plage |

**sea**

**sand**

**beach**

**to sunbathe**

**tanned**

**sunshade**

**sandcastle**

**bucket**

**spade**

| | |
|---|---|
| to sunbathe | se bronzer |
| tanned | bronzé |
| sunshade | le parasol |
| sandcastle | le château de sable |
| bucket | le seau |
| spade | la pelle |

**rock**

**seaweed**

**crab**

**shell**

| | |
|---|---|
| rock | le rocher |
| seaweed | l'algue |
| crab | le crabe |
| shell | le coquillage |

59

# Les vacances

to go skiing

| to go mountaineering | faire de l'alpinisme |
| mountain | la montagne |
| summit | le sommet |
| view | la vue |
| steep | escarpé |
| to climb | escalader |
| climber | l'alpiniste |
| rucksack, backpack | le sac à dos |

ski resort

summit

to go mountaineering

chairlift

view

mountain

to climb

steep

climber

ski instructor

rucksack

ski run

sledge

ski pole

ski boots

skis

| to go skiing | faire du ski |
| ski resort | la station de ski |
| chairlift | le télésiège |
| ski instructor | le moniteur |
| ski slope, ski run | la piste |
| sledge | la luge |
| ski pole | le bâton de ski |
| ski boots | les chaussures de ski |
| skis | les skis |

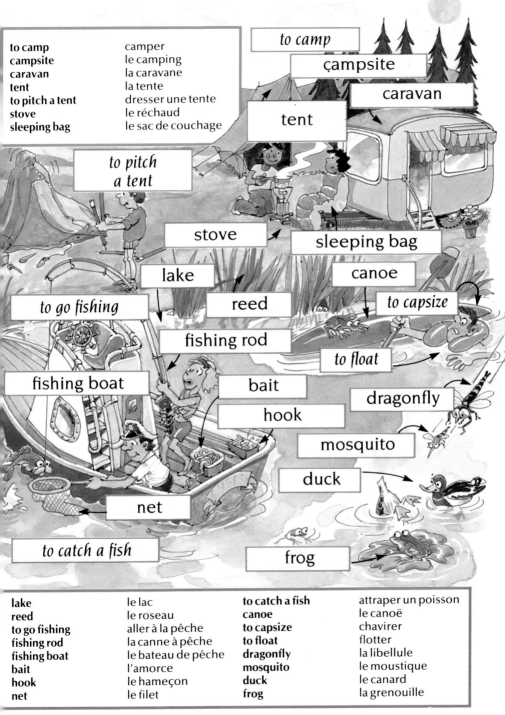

| | |
|---|---|
| to camp | camper |
| campsite | le camping |
| caravan | la caravane |
| tent | la tente |
| to pitch a tent | dresser une tente |
| stove | le réchaud |
| sleeping bag | le sac de couchage |

to camp

campsite

caravan

tent

to pitch a tent

stove

sleeping bag

canoe

lake

to capsize

to go fishing

reed

fishing rod

to float

fishing boat

bait

hook

dragonfly

mosquito

duck

net

to catch a fish

frog

| | | | |
|---|---|---|---|
| lake | le lac | to catch a fish | attraper un poisson |
| reed | le roseau | canoe | le canoë |
| to go fishing | aller à la pêche | to capsize | chavirer |
| fishing rod | la canne à pêche | to float | flotter |
| fishing boat | le bateau de pêche | dragonfly | la libellule |
| bait | l'amorce | mosquito | le moustique |
| hook | le hameçon | duck | le canard |
| net | le filet | frog | la grenouille |

# A la campagne

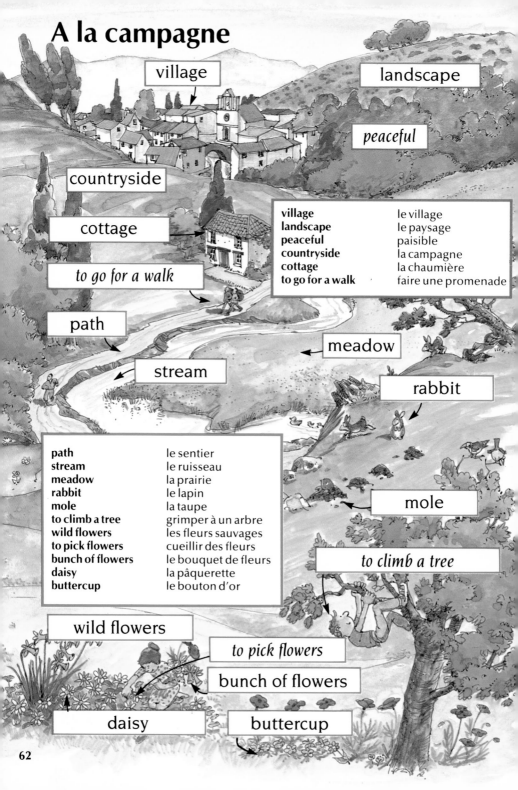

village

landscape

*peaceful*

countryside

cottage

*to go for a walk*

path

| | |
|---|---|
| **village** | le village |
| **landscape** | le paysage |
| **peaceful** | paisible |
| **countryside** | la campagne |
| **cottage** | la chaumière |
| **to go for a walk** | faire une promenade |

meadow

stream

rabbit

| | |
|---|---|
| **path** | le sentier |
| **stream** | le ruisseau |
| **meadow** | la prairie |
| **rabbit** | le lapin |
| **mole** | la taupe |
| **to climb a tree** | grimper à un arbre |
| **wild flowers** | les fleurs sauvages |
| **to pick flowers** | cueillir des fleurs |
| **bunch of flowers** | le bouquet de fleurs |
| **daisy** | la pâquerette |
| **buttercup** | le bouton d'or |

mole

*to climb a tree*

wild flowers

*to pick flowers*

bunch of flowers

daisy

buttercup

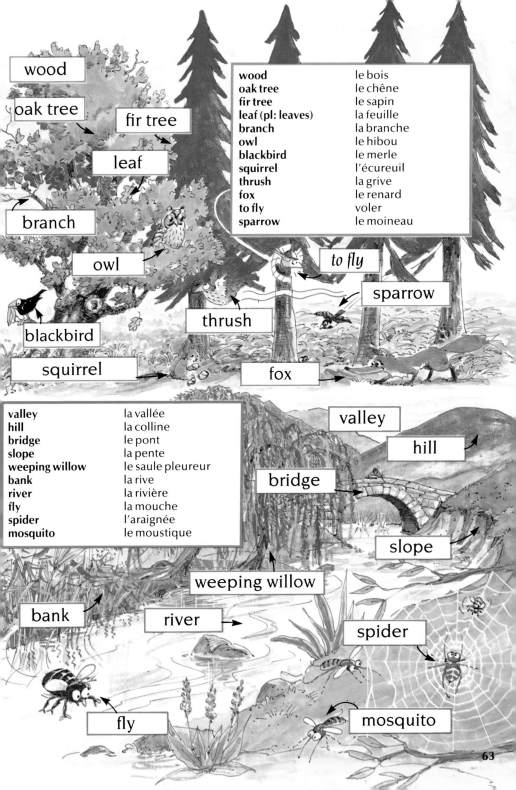

**wood**

**oak tree**

**fir tree**

**leaf**

**branch**

**owl**

**blackbird**

**squirrel**

**thrush**

**to fly**

**sparrow**

**fox**

| | |
|---|---|
| **wood** | le bois |
| **oak tree** | le chêne |
| **fir tree** | le sapin |
| **leaf (pl: leaves)** | la feuille |
| **branch** | la branche |
| **owl** | le hibou |
| **blackbird** | le merle |
| **squirrel** | l'écureuil |
| **thrush** | la grive |
| **fox** | le renard |
| **to fly** | voler |
| **sparrow** | le moineau |

**valley**

**hill**

**bridge**

**slope**

**weeping willow**

**bank**

**river**

**spider**

**mosquito**

**fly**

| | |
|---|---|
| **valley** | la vallée |
| **hill** | la colline |
| **bridge** | le pont |
| **slope** | la pente |
| **weeping willow** | le saule pleureur |
| **bank** | la rive |
| **river** | la rivière |
| **fly** | la mouche |
| **spider** | l'araignée |
| **mosquito** | le moustique |

63

# A la ferme

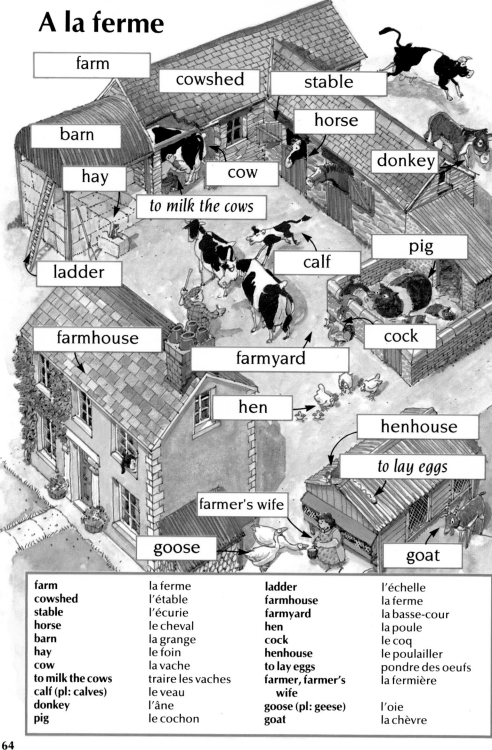

farm

cowshed

stable

horse

barn

donkey

hay

cow

to milk the cows

ladder

pig

calf

farmhouse

cock

farmyard

hen

henhouse

to lay eggs

farmer's wife

goose

goat

| | | | |
|---|---|---|---|
| **farm** | la ferme | **ladder** | l'échelle |
| **cowshed** | l'étable | **farmhouse** | la ferme |
| **stable** | l'écurie | **farmyard** | la basse-cour |
| **horse** | le cheval | **hen** | la poule |
| **barn** | la grange | **cock** | le coq |
| **hay** | le foin | **henhouse** | le poulailler |
| **cow** | la vache | **to lay eggs** | pondre des oeufs |
| **to milk the cows** | traire les vaches | **farmer, farmer's** | la fermière |
| **calf (pl: calves)** | le veau | **wife** | |
| **donkey** | l'âne | **goose (pl: geese)** | l'oie |
| **pig** | le cochon | **goat** | la chèvre |

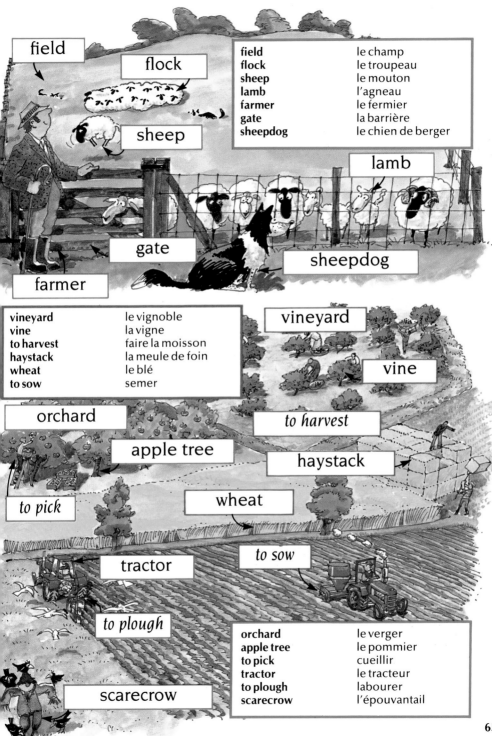

field
flock
sheep
lamb
gate
farmer
sheepdog

| | |
|---|---|
| field | le champ |
| flock | le troupeau |
| sheep | le mouton |
| lamb | l'agneau |
| farmer | le fermier |
| gate | la barrière |
| sheepdog | le chien de berger |

| | |
|---|---|
| vineyard | le vignoble |
| vine | la vigne |
| to harvest | faire la moisson |
| haystack | la meule de foin |
| wheat | le blé |
| to sow | semer |

vineyard
vine
orchard
to harvest
apple tree
haystack
to pick
wheat
tractor
to sow
to plough

| | |
|---|---|
| orchard | le verger |
| apple tree | le pommier |
| to pick | cueillir |
| tractor | le tracteur |
| to plough | labourer |
| scarecrow | l'épouvantail |

scarecrow

# Au travail

**to be late**

**lunch time**

**to go to work**

**to be on time**

**overtime**

| to go to work | aller travailler | lunch hour | l'heure du déjeuner |
| to be late | être en retard | overtime | les heures |
| to be on time | être à l'heure | | supplémentaires |

**office**

**to employ someone**

**hard-working**

**to retire**

**boss**

**lazy**

**secretary**

**employee**

**to fire someone**

| office | le bureau | employee | l'employé (m/f) |
| boss | le patron (m/f) | hard-working | travailleur |
| secretary | la secrétaire | lazy | paresseux |
| to employ | engager quelqu'un | to retire | prendre sa retraite |
| someone | | to fire someone | renvoyer quelqu'un |

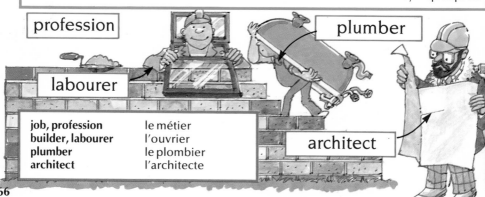

**profession**

**plumber**

**labourer**

**architect**

| job, profession | le métier |
| builder, labourer | l'ouvrier |
| plumber | le plombier |
| architect | l'architecte |

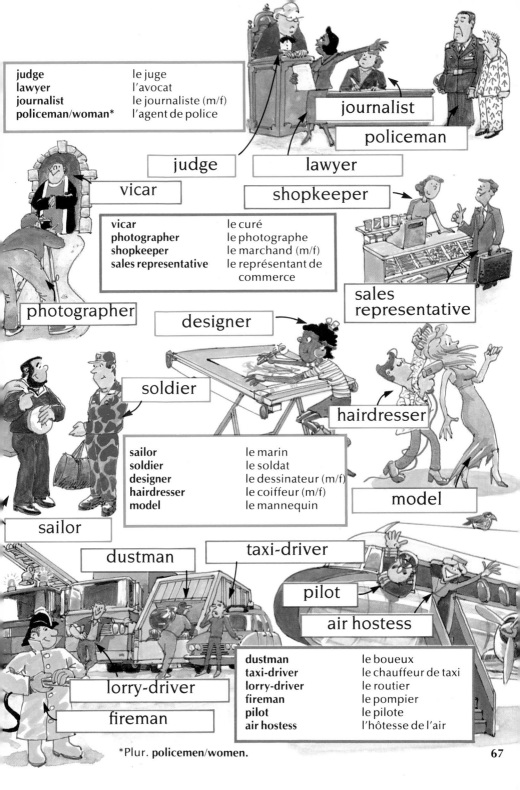

| judge | le juge |
| lawyer | l'avocat |
| journalist | le journaliste (m/f) |
| policeman/woman* | l'agent de police |

journalist

policeman

judge

lawyer

vicar

shopkeeper

| vicar | le curé |
| photographer | le photographe |
| shopkeeper | le marchand (m/f) |
| sales representative | le représentant de commerce |

photographer

designer

sales representative

soldier

hairdresser

| sailor | le marin |
| soldier | le soldat |
| designer | le dessinateur (m/f) |
| hairdresser | le coiffeur (m/f) |
| model | le mannequin |

model

sailor

dustman

taxi-driver

pilot

air hostess

lorry-driver

fireman

| dustman | le boueux |
| taxi-driver | le chauffeur de taxi |
| lorry-driver | le routier |
| fireman | le pompier |
| pilot | le pilote |
| air hostess | l'hôtesse de l'air |

*Plur. policemen/women.

67

# Problèmes de santé

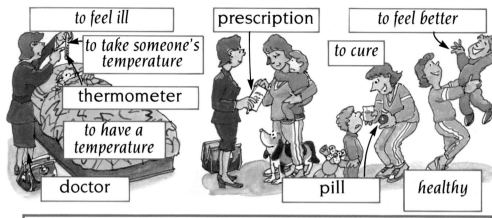

to feel ill

to take someone's temperature

thermometer

to have a temperature

doctor

prescription

to cure

to feel better

pill

healthy

| | | | |
|---|---|---|---|
| to feel ill | se sentir malade | doctor | le médecin |
| to take someone's temperature | prendre la température | prescription | l'ordonnance |
| thermometer | le thermomètre | to cure | guérir |
| to have a temperature | avoir de la fièvre | pill | le comprimé |
| | | to feel better | se sentir mieux |
| | | healthy | en bonne santé |

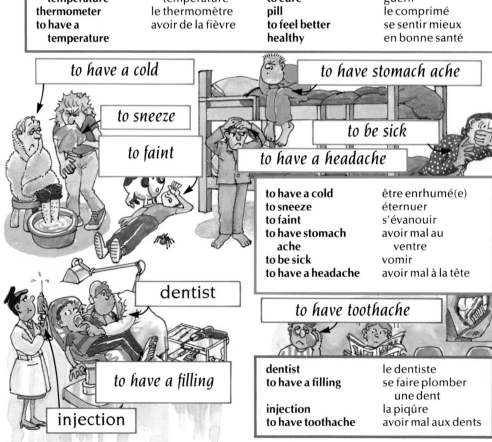

to have a cold

to sneeze

to faint

to have a headache

to have stomach ache

to be sick

| | |
|---|---|
| to have a cold | être enrhumé(e) |
| to sneeze | éternuer |
| to faint | s'évanouir |
| to have stomach ache | avoir mal au ventre |
| to be sick | vomir |
| to have a headache | avoir mal à la tête |

dentist

to have a filling

injection

to have toothache

| | |
|---|---|
| dentist | le dentiste |
| to have a filling | se faire plomber une dent |
| injection | la piqûre |
| to have toothache | avoir mal aux dents |

hospital

casualty department

burn

to sprain your wrist

bruise

to break your leg

wound

sticking plaster

bandage

| | | | |
|---|---|---|---|
| hospital | l'hôpital | cut, wound | la blessure |
| casualty department | le service des urgences | burn | la brûlure |
| to break your leg | se casser la jambe | to sprain your wrist | se fouler le poignet |
| bruise | le bleu | sticking plaster | le sparadrap |
| | | bandage | le bandage |

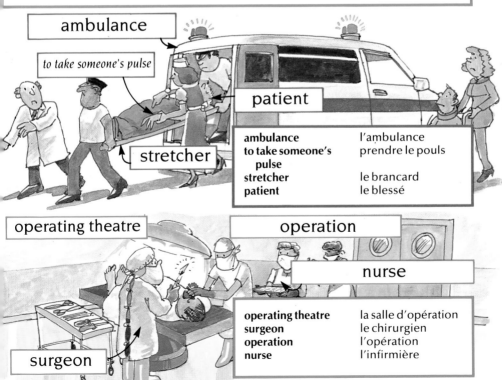

ambulance

to take someone's pulse

patient

stretcher

| | |
|---|---|
| ambulance | l'ambulance |
| to take someone's pulse | prendre le pouls |
| stretcher | le brancard |
| patient | le blessé |

operating theatre

operation

nurse

surgeon

| | |
|---|---|
| operating theatre | la salle d'opération |
| surgeon | le chirurgien |
| operation | l'opération |
| nurse | l'infirmière |

# L'école et l'éducation

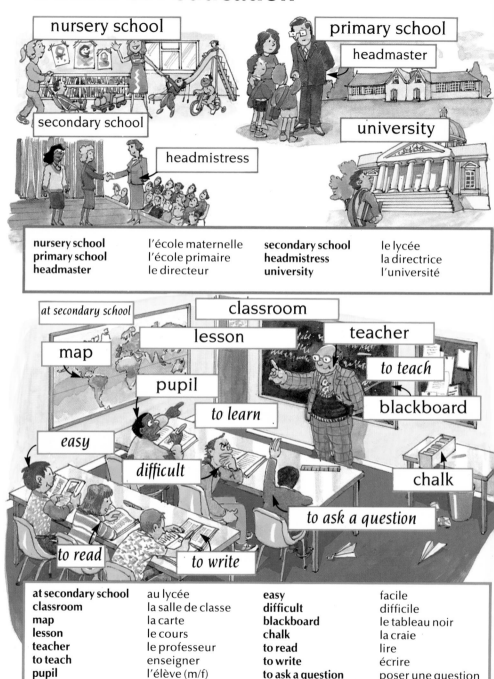

nursery school

primary school

headmaster

secondary school

university

headmistress

| | | | |
|---|---|---|---|
| **nursery school** | l'école maternelle | **secondary school** | le lycée |
| **primary school** | l'école primaire | **headmistress** | la directrice |
| **headmaster** | le directeur | **university** | l'université |

at secondary school

classroom

lesson

teacher

map

to teach

pupil

blackboard

to learn

easy

difficult

chalk

to ask a question

to read

to write

| | | | |
|---|---|---|---|
| **at secondary school** | au lycée | **easy** | facile |
| **classroom** | la salle de classe | **difficult** | difficile |
| **map** | la carte | **blackboard** | le tableau noir |
| **lesson** | le cours | **chalk** | la craie |
| **teacher** | le professeur | **to read** | lire |
| **to teach** | enseigner | **to write** | écrire |
| **pupil** | l'élève (m/f) | **to ask a question** | poser une question |
| **to learn** | apprendre | | |

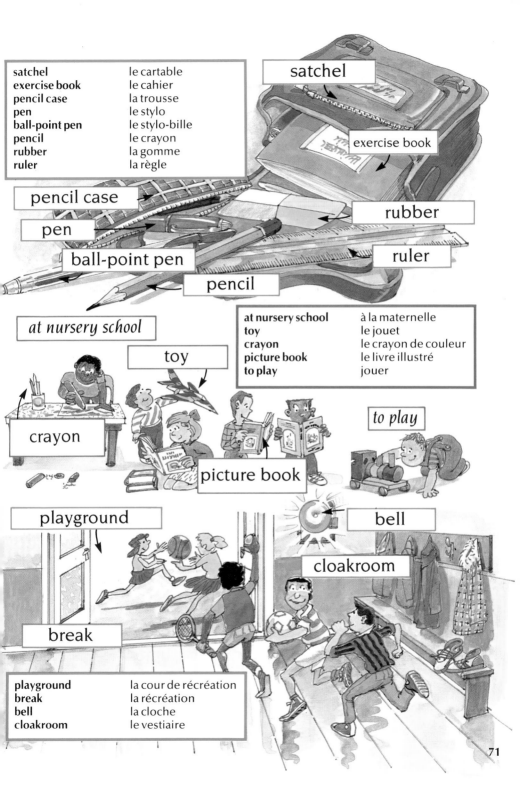

| | |
|---|---|
| **satchel** | le cartable |
| **exercise book** | le cahier |
| **pencil case** | la trousse |
| **pen** | le stylo |
| **ball-point pen** | le stylo-bille |
| **pencil** | le crayon |
| **rubber** | la gomme |
| **ruler** | la règle |

satchel

exercise book

pencil case

pen

ball-point pen

rubber

ruler

pencil

*at nursery school*

| | |
|---|---|
| **at nursery school** | à la maternelle |
| **toy** | le jouet |
| **crayon** | le crayon de couleur |
| **picture book** | le livre illustré |
| **to play** | jouer |

toy

*to play*

crayon

picture book

playground

bell

cloakroom

break

| | |
|---|---|
| **playground** | la cour de récréation |
| **break** | la récréation |
| **bell** | la cloche |
| **cloakroom** | le vestiaire |

# L'école et l'éducation

term

timetable

subject

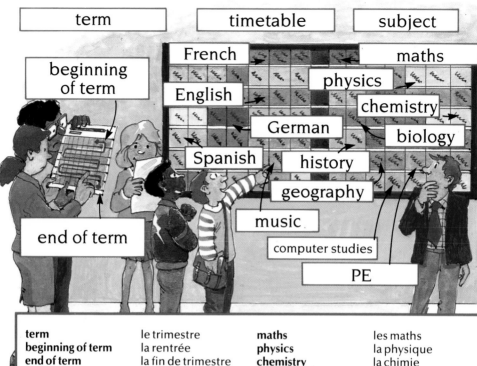

beginning of term

French

maths

English

physics

chemistry

German

biology

Spanish

history

geography

music

computer studies

end of term

PE

| term | le trimestre | maths | les maths |
| beginning of term | la rentrée | physics | la physique |
| end of term | la fin de trimestre | chemistry | la chimie |
| timetable | l'emploi du temps | biology | la biologie |
| subject | la matière | history | l'histoire |
| French | le français | geography | la géographie |
| English | l'anglais | music | la musique |
| German | l'allemand | computer studies | l'informatique |
| Spanish | l'espagnol | PE | la gymnastique |

A B C D E F G H I J K L M N O P Q R S T U V W X Y Z

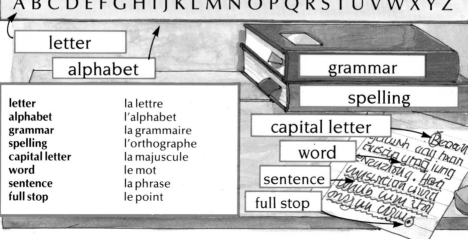

letter

alphabet

grammar

spelling

capital letter

word

sentence

full stop

| letter | la lettre |
| alphabet | l'alphabet |
| grammar | la grammaire |
| spelling | l'orthographe |
| capital letter | la majuscule |
| word | le mot |
| sentence | la phrase |
| full stop | le point |

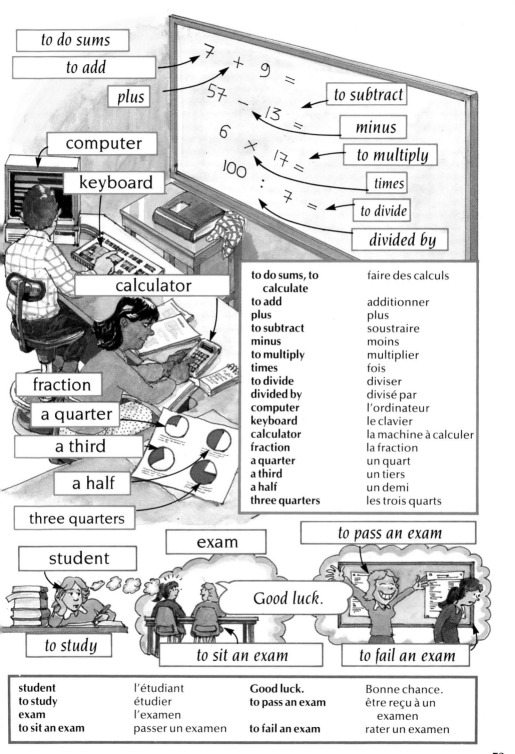

to do sums
to add
plus

7 + 9 =
57 – 13 =
6 × 17 =
100 : 7 =

to subtract
minus
to multiply
times
to divide
divided by

computer
keyboard
calculator
fraction
a quarter
a third
a half
three quarters

| | |
|---|---|
| to do sums, to calculate | faire des calculs |
| to add | additionner |
| plus | plus |
| to subtract | soustraire |
| minus | moins |
| to multiply | multiplier |
| times | fois |
| to divide | diviser |
| divided by | divisé par |
| computer | l'ordinateur |
| keyboard | le clavier |
| calculator | la machine à calculer |
| fraction | la fraction |
| a quarter | un quart |
| a third | un tiers |
| a half | un demi |
| three quarters | les trois quarts |

exam
to pass an exam
student
Good luck.
to study
to sit an exam
to fail an exam

| | | | |
|---|---|---|---|
| student | l'étudiant | Good luck. | Bonne chance. |
| to study | étudier | to pass an exam | être reçu à un examen |
| exam | l'examen | | |
| to sit an exam | passer un examen | to fail an exam | rater un examen |

73

# Les formes et les dimensions

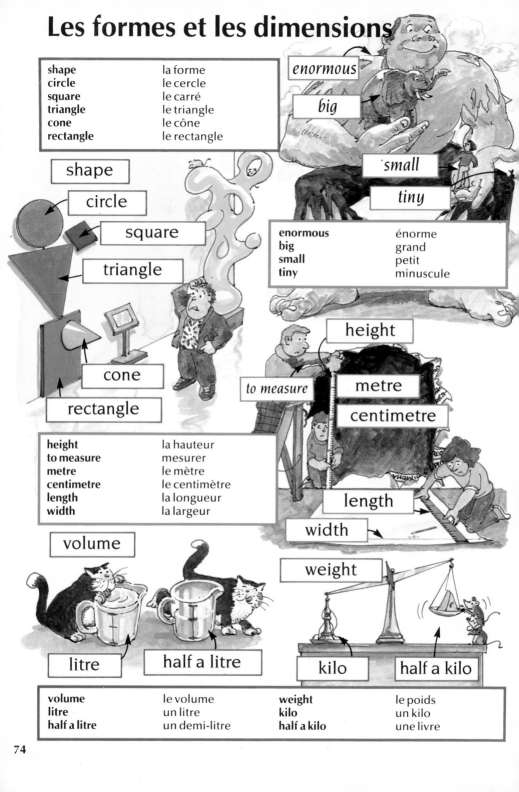

| | |
|---|---|
| shape | la forme |
| circle | le cercle |
| square | le carré |
| triangle | le triangle |
| cone | le cône |
| rectangle | le rectangle |

enormous

big

shape

circle

square

triangle

cone

rectangle

small

tiny

| | |
|---|---|
| enormous | énorme |
| big | grand |
| small | petit |
| tiny | minuscule |

height

to measure

metre

centimetre

| | |
|---|---|
| height | la hauteur |
| to measure | mesurer |
| metre | le mètre |
| centimetre | le centimètre |
| length | la longueur |
| width | la largeur |

length

width

volume

weight

litre

half a litre

kilo

half a kilo

| | | | |
|---|---|---|---|
| volume | le volume | weight | le poids |
| litre | un litre | kilo | un kilo |
| half a litre | un demi-litre | half a kilo | une livre |

74

# Les chiffres

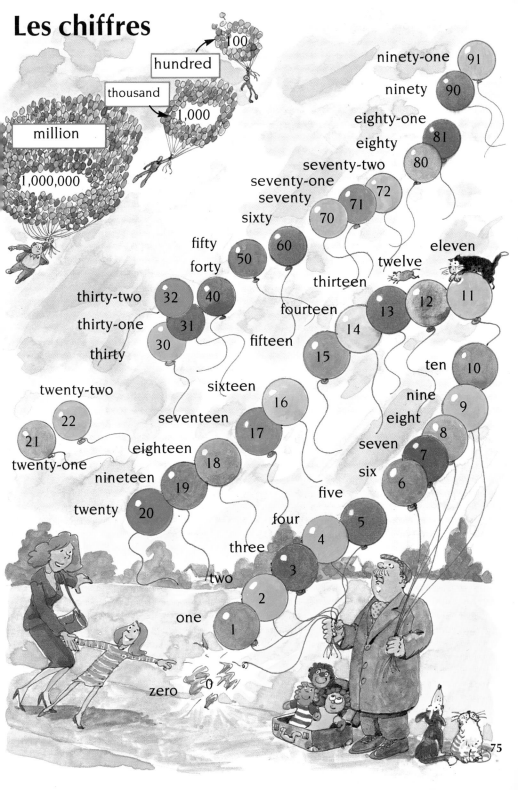

# Les sports

to be fit

to jog

headband

to exercise

tracksuit

tennis shoes

| | | | |
|---|---|---|---|
| **to be fit** | être en forme | **headband** | le bandeau |
| **to exercise** | faire de l'exercice | **tennis shoes** | les tennis |
| **to jog** | faire du jogging | **tracksuit** | le survêtement |

to play golf

golf club

to play tennis

tennis court

to play squash

player

In.

to serve

Out.

net

ball

racket

| | | | |
|---|---|---|---|
| **to play tennis** | jouer au tennis | **net** | le filet |
| **tennis court** | le court de tennis | **ball** | la balle |
| **player** | le joueur (m/f) | **racket** | la raquette |
| **to serve** | servir | **to play golf** | faire du golf |
| **In.** | In. | **golf club** | le club de golf |
| **Out.** | Out. | **to play squash** | jouer au squash |

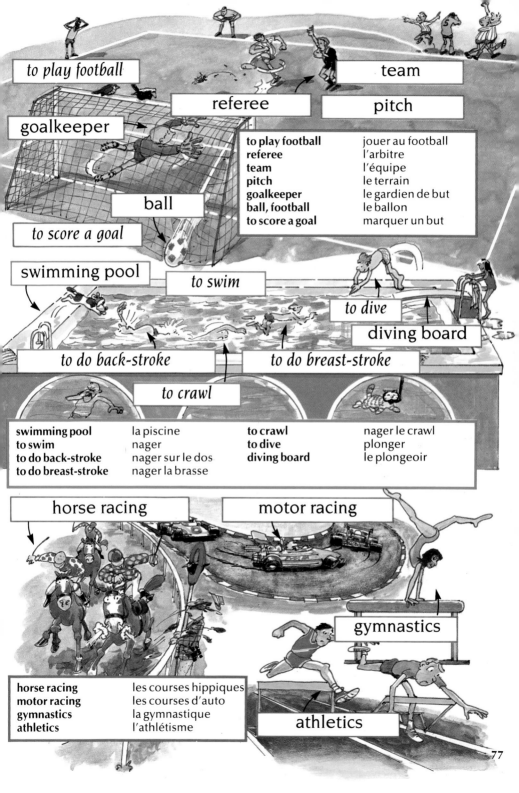

to play football

team

referee

pitch

goalkeeper

ball

to score a goal

| to play football | jouer au football |
| referee | l'arbitre |
| team | l'équipe |
| pitch | le terrain |
| goalkeeper | le gardien de but |
| ball, football | le ballon |
| to score a goal | marquer un but |

swimming pool

to swim

to dive

diving board

to do back-stroke

to do breast-stroke

to crawl

| swimming pool | la piscine | to crawl | nager le crawl |
| to swim | nager | to dive | plonger |
| to do back-stroke | nager sur le dos | diving board | le plongeoir |
| to do breast-stroke | nager la brasse | | |

horse racing

motor racing

gymnastics

athletics

| horse racing | les courses hippiques |
| motor racing | les courses d'auto |
| gymnastics | la gymnastique |
| athletics | l'athlétisme |

77

# Les fêtes

| | |
|---|---|
| birthday | l'anniversaire |
| party | la fête |
| balloon | le ballon |
| Happy birthday. | Bon anniversaire. |
| to invite | inviter |
| to have fun, to enjoy yourself | bien s'amuser |
| cake | le gâteau |
| candle | la bougie |
| birthday card | la carte d'anniversaire |
| present | le cadeau |
| wrapping | l'emballage |

birthday

party

balloon

Happy birthday.

to invite

to have fun

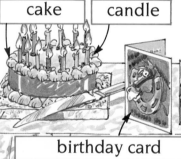

cake

candle

birthday card

present

wrapping

Christmas Eve

Easter

Christmas

Christmas tree

Christmas Day

| | |
|---|---|
| Easter | Pâques |
| Christmas | Noël |
| Christmas Eve | la veille de Noël |
| Christmas Day | le jour de Noël |
| Christmas tree | le sapin de Noël |

to get engaged

wedding

to get married

bridegroom

bride

guest

to congratulate

bouquet

| | |
|---|---|
| to get engaged | se fiancer |
| wedding | les noces |
| to get married | se marier |
| bridegroom | le marié |
| bride | la mariée |
| guest | l'invité (m/f) |
| to congratulate | féliciter |
| bouquet | le bouquet |
| to be happy | être heureux |
| honeymoon | le voyage de noces |

to be happy

honeymoon

Happy Christmas.

Christmas carol

| | |
|---|---|
| Happy Christmas. | Joyeux Noël. |
| Christmas carol | le chant de Noël |
| to give (a present) | offrir |
| to receive | recevoir |
| Thank you very much. | Merci beaucoup. |
| to thank | remercier |

to give

to receive

New Year's Eve

Thank you very much.

New Year's Day

to thank

New Year's Eve

| | |
|---|---|
| New Year's Eve | le Réveillon |
| New Year's Day | le jour de l'An |
| to celebrate | célébrer |
| Happy New Year. | Bonne année. |

to celebrate

Happy
New Year.

# Les jours et les dates

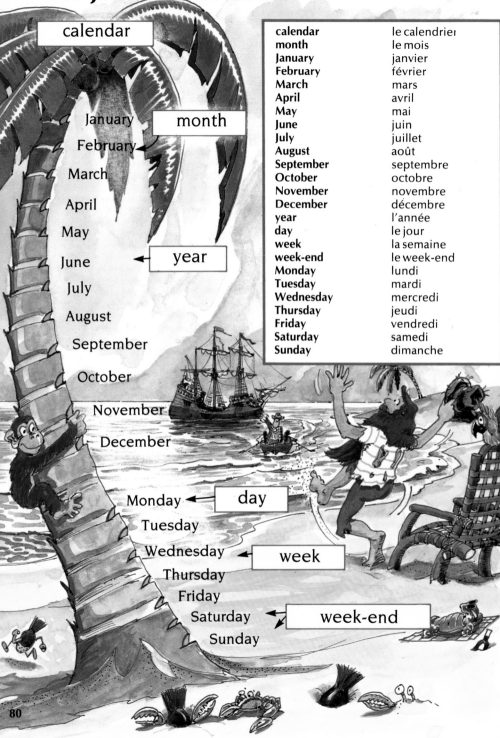

calendar

January
February
March
April
May
June
July
August
September
October
November
December

month

year

Monday
Tuesday
Wednesday
Thursday
Friday
Saturday
Sunday

day

week

week-end

| calendar | le calendrier |
| month | le mois |
| January | janvier |
| February | février |
| March | mars |
| April | avril |
| May | mai |
| June | juin |
| July | juillet |
| August | août |
| September | septembre |
| October | octobre |
| November | novembre |
| December | décembre |
| year | l'année |
| day | le jour |
| week | la semaine |
| week-end | le week-end |
| Monday | lundi |
| Tuesday | mardi |
| Wednesday | mercredi |
| Thursday | jeudi |
| Friday | vendredi |
| Saturday | samedi |
| Sunday | dimanche |

| | |
|---|---|
| diary | l'agenda |
| date | la date |
| (on) Tuesday, the 2nd of June... | le mardi deux juin... |
| the first | le premier |
| the second | le deux |
| the third | le trois |
| the fourth | le quatre |
| the fifth | le cinq |

diary

date

(on) Tuesday, the 2nd of June...

the first

the second

the third

the fourth

the fifth

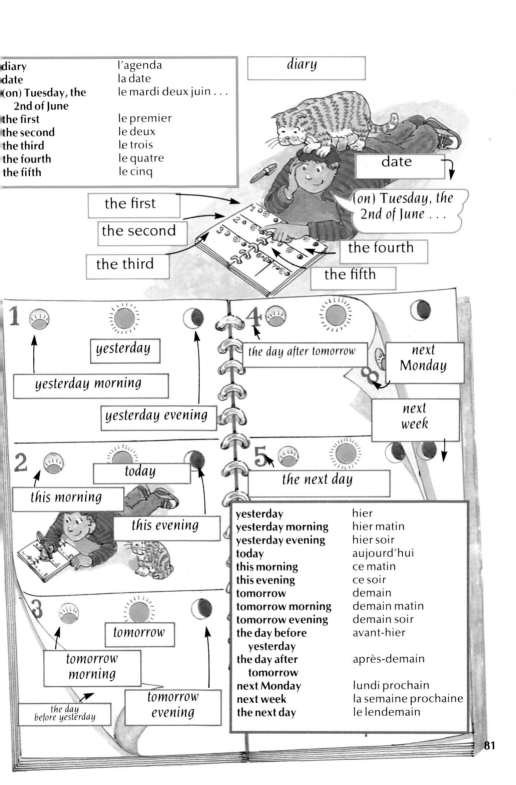

1 yesterday

yesterday morning

yesterday evening

4 the day after tomorrow

next Monday

next week

2 today

this morning

this evening

5 the next day

3 tomorrow

tomorrow morning

the day before yesterday

tomorrow evening

| | |
|---|---|
| yesterday | hier |
| yesterday morning | hier matin |
| yesterday evening | hier soir |
| today | aujourd'hui |
| this morning | ce matin |
| this evening | ce soir |
| tomorrow | demain |
| tomorrow morning | demain matin |
| tomorrow evening | demain soir |
| the day before yesterday | avant-hier |
| the day after tomorrow | après-demain |
| next Monday | lundi prochain |
| next week | la semaine prochaine |
| the next day | le lendemain |

# L'heure

**dawn**

**sunrise**

*It is getting light.*

**morning**

**sun**

**sky**

*It is light.*

**day**

| | | | |
|---|---|---|---|
| dawn | l'aube | sky | le ciel |
| sunrise | le lever du soleil | It is light. | Il fait jour. |
| It is getting light. | Il commence à faire jour. | day, in the daytime | le jour |
| | | morning, in the morning | le matin |
| sun | le soleil | | |

**afternoon**

**evening**

**sunset**

*It is getting dark.*

**night**

**stars**

**moon**

*It is dark.*

| | | | |
|---|---|---|---|
| afternoon, in the afternoon | l'après-midi | It is getting dark. | La nuit tombe. |
| | | night, at night | la nuit |
| evening, in the evening | le soir | stars | les étoiles |
| | | moon | la lune |
| sunset | le coucher du soleil | It is dark. | Il fait nuit. |

82

| minute | hour |
| second | |

**What time is it?**

It is 1 o'clock.

It is 3 o'clock.

midday

midnight

| 9:45 | 10:05 |
| a quarter to ten | five past ten |

| 10:15 | 10:30 |
| a quarter past ten | half past ten |

| 8 a.m. | 8 p.m. |

| What time is it? | Quelle heure est-il? | a quarter to ten | dix heures moins le quart |
| hour | l'heure | | |
| minute | la minute | five past ten | dix heures cinq |
| second | la seconde | a quarter past ten | dix heures et quart |
| It is 1 o'clock. | Il est une heure. | half past ten | dix heures et demie |
| It is 3 o'clock. | Il est trois heures. | 8 a.m. | huit heures du matin |
| midday | midi | 8 p.m. | huit heures du soir |
| midnight | minuit | | |

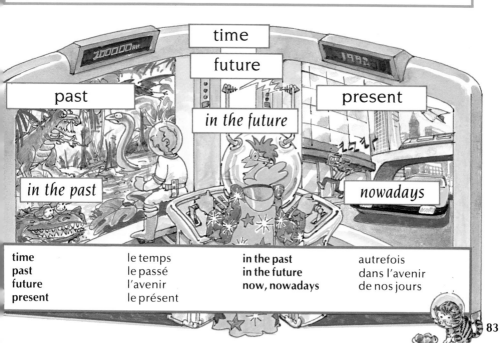

| time | |
| future | |
| past | present |
| in the future | |
| in the past | nowadays |

| time | le temps | in the past | autrefois |
| past | le passé | in the future | dans l'avenir |
| future | l'avenir | now, nowadays | de nos jours |
| present | le présent | | |

83

# Le temps et les saisons

| | |
|---|---|
| season | la saison |
| spring | le printemps |
| summer | l'été |
| autumn | l'automne |
| winter | l'hiver |

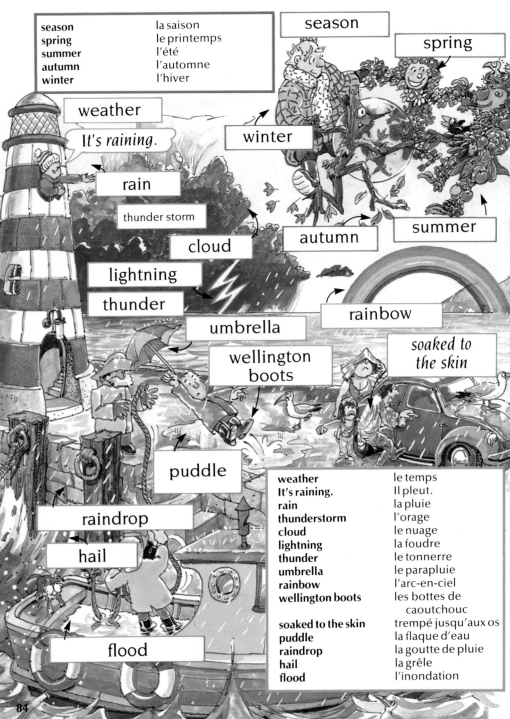

season

spring

weather

It's raining.

winter

rain

thunder storm

cloud

autumn

summer

lightning

thunder

rainbow

umbrella

wellington boots

soaked to the skin

puddle

raindrop

hail

flood

| | |
|---|---|
| weather | le temps |
| It's raining. | Il pleut. |
| rain | la pluie |
| thunderstorm | l'orage |
| cloud | le nuage |
| lightning | la foudre |
| thunder | le tonnerre |
| umbrella | le parapluie |
| rainbow | l'arc-en-ciel |
| wellington boots | les bottes de caoutchouc |
| soaked to the skin | trempé jusqu'aux os |
| puddle | la flaque d'eau |
| raindrop | la goutte de pluie |
| hail | la grêle |
| flood | l'inondation |

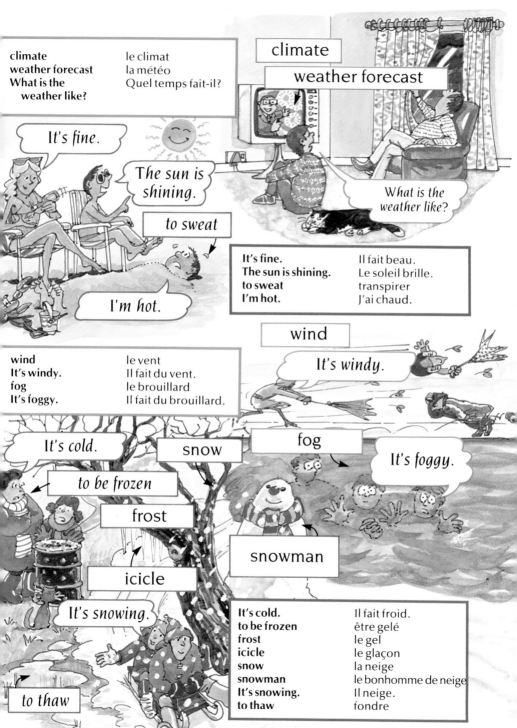

climate — le climat
weather forecast — la météo
What is the weather like? — Quel temps fait-il?

**climate**

**weather forecast**

What is the weather like?

It's fine.
The sun is shining.
to sweat
I'm hot.

It's fine. — Il fait beau.
The sun is shining. — Le soleil brille.
to sweat — transpirer
I'm hot. — J'ai chaud.

**wind**

wind — le vent
It's windy. — Il fait du vent.
fog — le brouillard
It's foggy. — Il fait du brouillard.

It's windy.

It's cold.

**fog**

**snow**

It's foggy.

to be frozen

frost

**snowman**

icicle

It's snowing.

to thaw

It's cold. — Il fait froid.
to be frozen — être gelé
frost — le gel
icicle — le glaçon
snow — la neige
snowman — le bonhomme de neige
It's snowing. — Il neige.
to thaw — fondre

85

# Le monde et l'univers

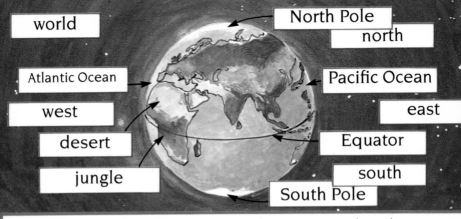

world — le monde | North Pole | north — le nord
Atlantic Ocean | Pacific Ocean
west | east
desert | Equator
jungle | south
South Pole

| world | le monde | north | le nord |
| Atlantic Ocean | l'Atlantique | Pacific Ocean | le Pacifique |
| west | l'ouest | east | l'est |
| desert | le désert | Equator | l'Equateur |
| jungle | la jungle | south | le sud |
| North Pole | le Pôle Nord | South Pole | le Pôle Sud |

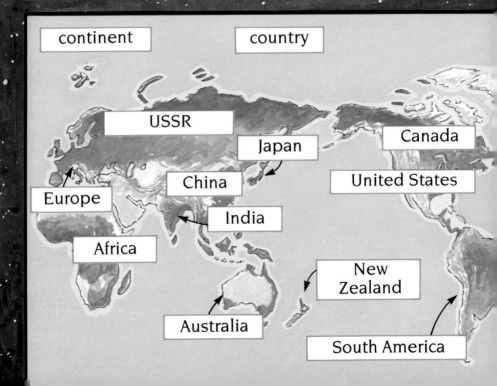

continent | country

USSR | Canada
Japan
China | United States
Europe
India
Africa
New Zealand
Australia
South America

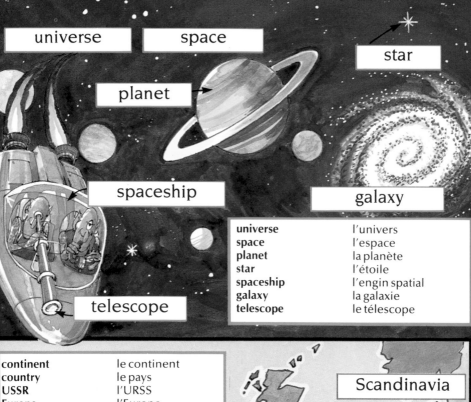

universe

space

star

planet

spaceship

galaxy

telescope

| | |
|---|---|
| **universe** | l'univers |
| **space** | l'espace |
| **planet** | la planète |
| **star** | l'étoile |
| **spaceship** | l'engin spatial |
| **galaxy** | la galaxie |
| **telescope** | le télescope |

| | |
|---|---|
| **continent** | le continent |
| **country** | le pays |
| **USSR** | l'URSS |
| **Europe** | l'Europe |
| **Africa** | l'Afrique |
| **Japan** | le Japon |
| **China** | la Chine |
| **India** | l'Inde |
| **Australia** | l'Australie |
| **New Zealand** | la Nouvelle-Zélande |
| **Canada** | le Canada |
| **United States** | les Etats-Unis |
| **South America** | l'Amérique du Sud |

| | |
|---|---|
| **Scandinavia** | la Scandinavie |
| **Great Britain** | la Grande-Bretagne |
| **Netherlands** | les Pays-Bas |
| **Belgium** | la Belgique |
| **Germany** | l'Allemagne |
| **France** | la France |
| **Switzerland** | la Suisse |
| **Italy** | l'Italie |
| **Spain** | l'Espagne |

Scandinavia

Great Britain

Netherlands

Belgium

Germany

France

Switzerland

Italy

Spain

# La politique

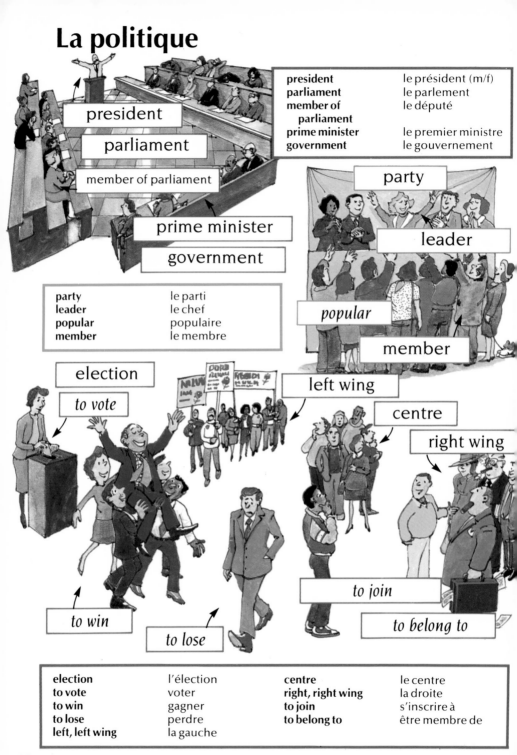

president

parliament

member of parliament

prime minister

government

| president | le président (m/f) |
|---|---|
| parliament | le parlement |
| member of parliament | le député |
| prime minister | le premier ministre |
| government | le gouvernement |

party

leader

popular

member

| party | le parti |
|---|---|
| leader | le chef |
| popular | populaire |
| member | le membre |

election

to vote

left wing

centre

right wing

to win

to lose

to join

to belong to

| election | l'élection | centre | le centre |
|---|---|---|---|
| to vote | voter | right, right wing | la droite |
| to win | gagner | to join | s'inscrire à |
| to lose | perdre | to belong to | être membre de |
| left, left wing | la gauche | | |

| | |
|---|---|
| the media | les médias |
| to interview | interviewer |
| important | important |
| interesting | intéressant |
| newspaper | le journal |
| news | les informations |
| headline | le gros titre |
| article | l'article |
| true | vrai |
| false | faux |

the media

to interview

important

interesting

newspaper

news

headline

article

true

false

politics

society

democratic

wages

taxes

trade union

unemployment

| | | | |
|---|---|---|---|
| politics | la politique | taxes | les impôts |
| society | la société | trade union | le syndicat |
| democratic | démocratique | unemployment | le chômage |
| salary, wages | le salaire | | |

89

# Décrire les choses

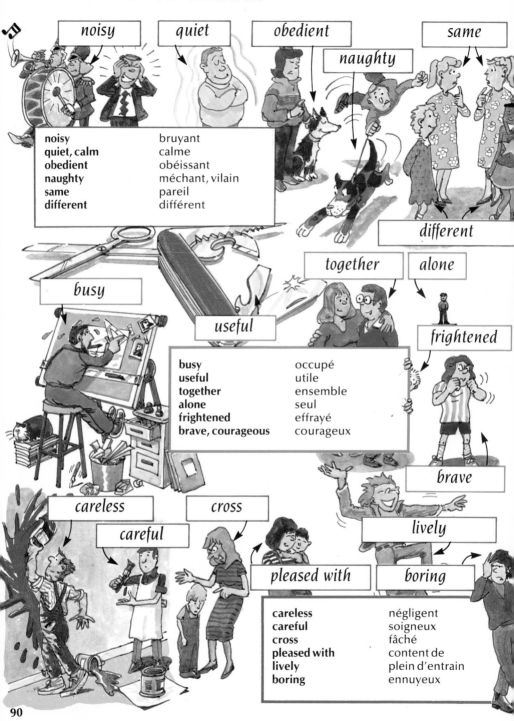

noisy

quiet

obedient

naughty

same

| | |
|---|---|
| noisy | bruyant |
| quiet, calm | calme |
| obedient | obéissant |
| naughty | méchant, vilain |
| same | pareil |
| different | différent |

different

busy

together

alone

useful

frightened

| | |
|---|---|
| busy | occupé |
| useful | utile |
| together | ensemble |
| alone | seul |
| frightened | effrayé |
| brave, courageous | courageux |

brave

careless

cross

careful

lively

pleased with

boring

| | |
|---|---|
| careless | négligent |
| careful | soigneux |
| cross | fâché |
| pleased with | content de |
| lively | plein d'entrain |
| boring | ennuyeux |

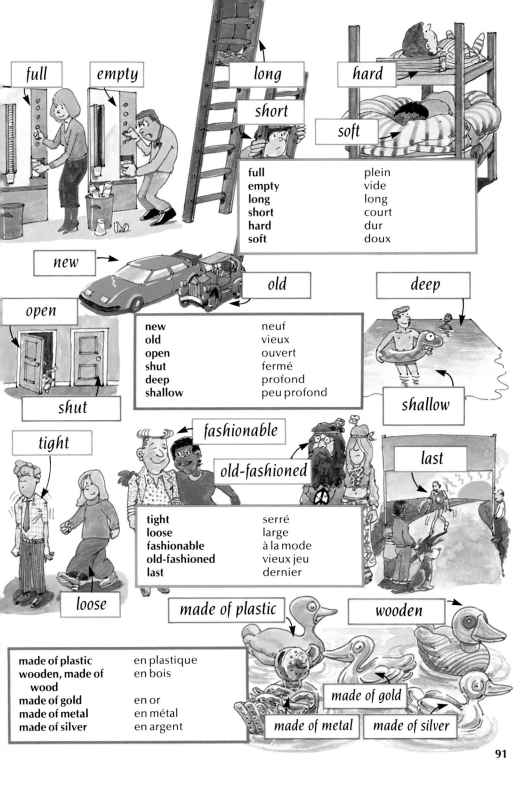

full
empty
long
short
hard
soft

| full | plein |
| empty | vide |
| long | long |
| short | court |
| hard | dur |
| soft | doux |

new
old
open
shut
deep
shallow

| new | neuf |
| old | vieux |
| open | ouvert |
| shut | fermé |
| deep | profond |
| shallow | peu profond |

tight
fashionable
old-fashioned
last
loose

| tight | serré |
| loose | large |
| fashionable | à la mode |
| old-fashioned | vieux jeu |
| last | dernier |

made of plastic
wooden
made of gold
made of metal
made of silver

| made of plastic | en plastique |
| wooden, made of wood | en bois |
| made of gold | en or |
| made of metal | en métal |
| made of silver | en argent |

91

# Les couleurs

colour

red

yellow
bright

blue

pink
pale

navy blue

white

purple
dark

black

orange

green

grey
dull

brown

flowered

spotted

striped

| | | | |
|---|---|---|---|
| **colour** | la couleur | **bright** | vif |
| **red** | rouge | **orange** | orange |
| **pink** | rose | **blue** | bleu |
| **pale** | pâle | **navy blue** | bleu marine |
| **white** | blanc | **purple** | violet |
| **black** | noir | **dark** | foncé |
| **grey** | gris | **green** | vert |
| **dull** | terne | **flowered** | à fleurs |
| **brown** | brun | **spotted** | à pois |
| **yellow** | jaune | **striped** | à rayures |

# Dans, sur, sous . . .

| | | | |
|---|---|---|---|
| **in** | dans | **against** | contre |
| **on** | sur | **through** | à travers |
| **under** | sous | **among** | parmi |
| **over** | par-dessus | **to, towards** | vers |
| **into** | dans | **away from (to** | de (s'échapper |
| **out of** | hors de | **run away from)** | de) |
| **beside** | à côté de | **up** | en haut |
| **between** | entre | **down** | en bas |
| **near** | près de | **opposite** | en face de |
| **far away from** | loin de | **with** | avec |
| **in front of** | devant | **without** | sans |
| **behind** | derrière | | |

# Quelques verbes

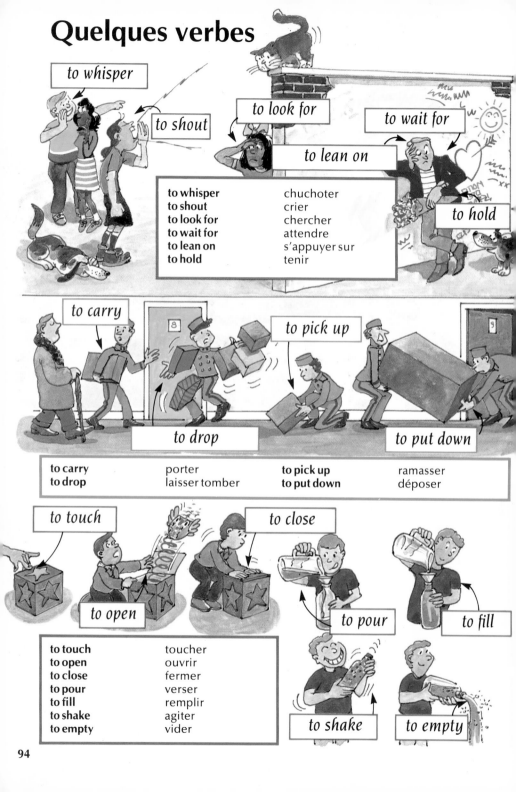

to whisper

to shout

to look for

to wait for

to lean on

to hold

| to whisper | chuchoter |
| to shout | crier |
| to look for | chercher |
| to wait for | attendre |
| to lean on | s'appuyer sur |
| to hold | tenir |

to carry

to pick up

to drop

to put down

| to carry | porter | to pick up | ramasser |
| to drop | laisser tomber | to put down | déposer |

to touch

to close

to open

to pour

to fill

to shake

to empty

| to touch | toucher |
| to open | ouvrir |
| to close | fermer |
| to pour | verser |
| to fill | remplir |
| to shake | agiter |
| to empty | vider |

to tear

to throw

to catch

| | |
|---|---|
| **to tear** | déchirer |
| **to mend** | raccommoder |
| **to throw** | lancer |
| **to catch** | attraper |
| **to knock over** | renverser |
| **to break** | casser |

to mend

to knock over

to break

to steal

to slip

to pull

to push

to run away

to follow

to hide

| | | | |
|---|---|---|---|
| **to pull** | tirer | **to run away** | s'échapper |
| **to push** | pousser | **to follow** | suivre |
| **to steal** | voler | **to hide** | se cacher |
| **to slip** | glisser | | |

95

# Grammaire

Pour arriver à parler une langue correctement, il est indispensable d'apprendre en même temps sa grammaire. Voici donc quelques règles de base simples de la grammaire anglaise. Peu importe si au début vous n'arrivez pas à vous souvenir de tout ce que vous apprenez. Avancez progressivement et essayez d'appliquer ce que vous avez appris.

## Les noms

Ainsi qu'on l'a déjà mentionné au début du livre, les noms en anglais n'ont ni masculin ni féminin. Souvent le même mot sert pour les deux genres (ex.: **the musician** le musicien, la musicienne), mais pas toujours (ex.: **an actor** un acteur; **an actress** une actrice).

Le pluriel des noms se forme généralement en ajoutant s au mot. Ex.: **the hats** les chapeaux; **birds** des oiseaux.

Toutefois, il existe des noms qui forment leur pluriel de façon différente. Les noms terminés en **s**, **sh**, **ch**, **x**, **o**, prennent **es** au pluriel. Ex.: **bus** autobus, pluriel **buses**; **bush** buisson, pluriel **bushes**; **lunch** déjeuner, pluriel **lunches**; **fox** renard, pluriel **foxes**; **tomato** tomate, pluriel **tomatoes**; **glass** verre, pluriel **glasses**.

Les noms terminés par un **y** précédé d'une consonne changent l'y en **ies**. Ex.: **baby** bébé, pluriel **babies**; **lorry** camion, pluriel **lorries**. Certains noms terminés par f ou **fe** changent le f ou fe en **ves**. Ex.: **knife** couteau, pluriel **knives**; **leaf** feuille, pluriel **leaves**.

Il y a aussi des noms dont la forme au pluriel est différente de celle au singulier. Ils sont signalés dans la partie illustrée. Ex.: **child** enfant, pluriel **children**.

Certains noms ne prennent jamais la marque du pluriel (ex.: **hair** les cheveux; **furniture** les meubles; **business** les affaires), d'autres sont toujours au pluriel (ex.: **tights** le collant; **people** les gens).

## Le, la, les – Un, une, des

Le, la, les se traduisent par **the**. Ex.: **the hat** le chapeau; **the dress** la robe; **the houses** les maisons. Toutefois, lorsqu'on parle en général, on omet l'article défini. Ex.: **Flowers are beautiful** Les fleurs sont belles (toutes les fleurs). Un et une se traduisent par **a** devant une consonne et **an** devant une voyelle ou un h muet. Ex.: **a dog** un chien; **an orange** une orange; **an hour** une heure. Des: on met seulement la marque du pluriel au nom. Ex.: **dogs** des chiens.

## Some et any

S'emploient pour traduire "du", "de la", "des" et "quelques" lorsqu'ils expriment une notion de quantité ou de nombre. **Some** s'emploie dans une phrase affirmative, **any** dans une phrase interrogative.
Ex.: **Give me some bread!** Donne-moi du pain!
    **Do you have any eggs?** Avez-vous des oeufs?

# Beaucoup de ...

Se traduit par **much** + un nom singulier et **many** + un nom pluriel.

Ex.: **Much water** beaucoup d'eau.

**Many cherries** beaucoup de cerises.

On peut aussi utiliser **a lot of** ou **lots of** + un nom singulier ou pluriel.

Ex.: **A lot of books** beaucoup de livres.

**Lots of milk** beaucoup de lait.

# Ce, cette, cet, ces

Se traduisent par **this** (sing.), **these** (plur.) et par **that** (sing.), **those** (plur.). Il faut faire la distinction entre **this** que l'on emploie pour désigner ce qui est tout près de celui qui parle (ce ... ci) et **that** qui s'emploie pour ce qui est à une certaine distance (ce ... là). On les emploie ensemble pour distinguer deux personnes ou deux choses.

Ex.: **This apple is green, that apple is red.**

Cette pomme-ci est verte, cette pomme-là est rouge.

# Le cas possessif

Cette tournure s'emploie pour dire que quelque chose appartient à quelqu'un.

Ex.: **Laura's book** le livre de Laura

**Peter's hat** le chapeau de Pierre

**My sister's dog** le chien de ma soeur

On écrit donc nom du possesseur + **'s** + objet possédé

**Remarque:** l'objet possédé n'a pas d'article en anglais dans cette construction.

**Attention:** ne confondez pas **'s** marque de la possession avec **'s** abréviation de **is** ni avec **'s** abréviation de **has.**

# L'adjectif possessif

En anglais l'adjectif possessif s'accorde avec le possesseur.

| | |
|---|---|
| **my** | mon, ma, mes |
| **your** | ton, ta, tes |
| **his/her/its** | son, sa, ses |
| **our** | notre, nos |
| **your** | votre, vos |
| **their** | leur, leurs |

Ex.: **Paul's shoes, his shoes** les chaussures de Paul, ses chaussures. (Paul est masculin).

**Laura's brother, her brother** le frère de Laura, son frère. (Laura est féminin).

**My books** mes livres.

**I like his watch** J'aime sa montre. (De Pierre par exemple).

**His** est pour un possesseur masculin, **her** pour un possesseur féminin.

**Its** (la forme neutre) s'emploie si le possesseur est un animal (si celui-ci est considéré comme neutre) ou une chose.

Ex.: **The leaves of the tree, its leaves** les feuilles de l'arbre, ses feuilles.

**The tail of the cat, its tail** la queue du chat, sa queue (ou **his tail** si c'est ton animal favori).

## Les adjectifs qualificatifs

Ils décrivent les noms. Ils sont invariables en anglais et se placent toujours devant le nom qu'il décrivent.

Ex.: **A heavy parcel** un colis lourd.
**The green car** la voiture verte.
**Big hands** de grosses mains.
**The leaves are yellow** les feuilles sont jaunes.

## Les comparaisons

Avec les adjectifs qualificatifs, on peut comparer entre eux les personnes, les animaux et les choses.

**Plus . . . que**
En anglais: adjectif court + **er** + **than**

Ex.: **John is nicer than his brother** Jean est plus gentil que son frère.

On redouble la consonne finale quand elle est précédée d'une voyelle: **fat, fatter.**
Les adjectifs en **y** changent l'y en **ier**: **happy, happier.**
Les adjectifs en **e** prennent seulement **r**: **late, later.**

**more** + adjectif long + **than**

Ex.: **Laura is more beautiful than Holly** Laura est plus belle que Holly.

**Moins . . . que**
En anglais: **less** + adjectif court ou long + **than**

Ex.: **less heavy than** moins lourd que

**Aussi . . . que**
En anglais: **as** + adjectif +**as**

Ex.: **Luke is as tall as Paul** Luc est aussi grand que Paul.

A la forme négative: **not as** + adjectif + **as**

Ex.: **She is not as pretty as Mary** Elle n'est pas aussi jolie que Marie.
**It is not as cold as yesterday** Il ne fait pas aussi froid qu'hier.

**Le/la plus . . .**
En anglais: **the** + adjectif court + **est**

Ex.: **Jonathan is the tallest** Jonathan est le plus grand.

**the most** + adjectif long

Ex.: **She is the most beautiful** Elle est la plus belle.

Mêmes règles pour la modification de la terminaison des adjectifs qu'avec **er.**

Certains adjectifs sont irréguliers:

bon **good, better, the best**
mauvais **bad, worse, the worst**
loin **far, further, the furthest**

**Très ...**
En anglais: **very** + adjectif court ou long
Ex.: **She is very nice** Elle est très gentille.
**It is very expensive** C'est très cher.

## Les pronoms personnels sujets
Ils font l'action.

| | | | |
|---|---|---|---|
| **I** | je | **we** | nous |
| **you** | tu, vous | **you** | vous |
| **he/she** | il/elle | **they** | ils ou elles |
| **it** | il ou elle | | |

**It** est le pronom personnel neutre. Il représente un animal ou une chose.
Ex.: **The box is red, it is red** La boîte est rouge, elle est rouge.

## Les pronoms personnels compléments
Ils subissent l'action.

| | | | |
|---|---|---|---|
| **me** | me, moi | **us** | nous |
| **you** | te, toi, vous (singulier) | **you** | vous |
| **him** | le, lui | **them** | elles, eux, leur, les |
| **her** | la, elle, lui | | |
| **it** | le, la, lui, elle (animal ou chose) | | |

Ex.: **Give her the box** Donne-lui la boîte (à elle).
**She is looking for us** Elle nous cherche.
**This dress is lovely, I like it very much** Cette robe est jolie, je l'aime beaucoup.

## Les pronoms réfléchis
On les emploie quand le sujet fait l'action sur lui-même.

| | | | |
|---|---|---|---|
| **myself** | me, moi-même | **ourselves** | nous, nous-mêmes |
| **yourself** | te, toi-même | **yourselves** | vous, vous-mêmes |
| **himself** | se, lui-même | **themselves** | eux, eux-mêmes, elles, |
| **herself** | se, elle-même | | elles-mêmes, se |
| **itself** | se, lui-même; elle-même (animal ou chose) | | |

Ex.: **They'll do it themselves** Ils le feront eux-mêmes.

Certains verbes s'emploient toujours avec le pronom réfléchi. Voici un exemple qui figure dans le livre: **Enjoy yourselves!** Amusez-vous bien!

## Les verbes
En anglais, il existe deux sortes de présent. Le présent simple s'emploie pour une action que l'on fait habituellement, quelquefois, souvent, toujours ou jamais (exemples: j'habite à Paris; je vais souvent au cinéma; j'aime le chocolat). Le présent continu s'emploie pour décrire une action en train de se faire.

### Le présent simple
On se sert de la base verbale, qui ne change pas, sauf à la 3e personne du singulier, où on ajoute un **s**. On emploie **do/does** pour les formes interrogative et négative. Voici la conjugaison du verbe **to like** aimer au présent simple.

| F. affirmative | F. interrogative | F. négative |
|---|---|---|
| I like | do I like? | I do not like |
| you like | do you like? | you do not like |
| he/she/it likes | does he/she/it like? | he/she/it does not like |
| we like | do we like? | we do not like |
| you like | do you like? | you do not like |
| they like | do they like? | they do not like |

## Le présent continu

Il se forme avec le verbe être* + ing ajouté à la base verbale.
Voici le verbe to learn apprendre au présent continu.

| F. affirmative | F. interrogative | F. négative |
|---|---|---|
| I am learning | am I learning? | I am not learning |
| you are learning | are you learning? | you are not learning |
| he/she/it is learning | is he/she/it/ learning? | he/she/it is not learning |
| we are learning | are we learning? | we are not learning |
| you are learning | are you learning? | you are not learning |
| they are learning | are they learning? | they are not learning |

Voici quelques exemples dans lesquels on emploie les deux formes du présent:

He lives in Paris Il habite à Paris.
Does she like fish? Est-ce qu'elle aime le poisson?
What are you doing? Qu'est-ce que tu fais? (au moment où je parle)
They play tennis every Saturday Ils jouent au tennis tous les samedis.
The children are not sleeping, they are playing Les enfants ne dorment pas, ils jouent.
It is raining Il pleut.

## Etre et avoir

Ce sont des verbes irréguliers, c'est-à-dire des verbes dont les formes au prétérit et au participe passé changent (voir plus loin les chapitres consacrés aux formes du passé et aux verbes irréguliers). Comme on les utilise beaucoup dans la conjugaison d'autres verbes, voici la conjugaison de ces deux verbes au présent et au prétérit, aux formes affirmative, interrogative et négative.

### Etre au présent

| F. affirmative | F. interrogative | F. négative |
|---|---|---|
| I am | am I? | I am not |
| you are | are you? | you are not |
| he/she/it is | is he/she/it? | he/she/it is not |
| we are | are we? | we are not |
| you are | are you? | you are not |
| they are | are they? | they are not |

*Voir un peu plus loin la conjugaison des verbes être et avoir.

## Etre au prétérit

| F. affirmative | F. interrogative | F. négative |
|---|---|---|
| I was | was I? | I was not |
| you were | were you? | you were not |
| he/she/it was | was he/she/it? | he/she/it was not |
| we were | were we? | we were not |
| you were | were you? | you were not |
| they were | were they? | they were not |

## Avoir au présent

| F. affirmative | F. interrogative | F. négative |
|---|---|---|
| I have | have I? | I have not |
| you have | have you? | you have not |
| he/she/it has | has he/she/it? | he/she/it has not |
| we have | have we? | we have not |
| you have | have you? | you have not |
| they have | have they? | they have not |

## Avoir au prétérit

| F. affirmative | F. interrogative | F. négative |
|---|---|---|
| I had | had I? | I had not |
| you had | had you? | you had not |
| he/she/it had | had he/she/it? | he/she/it had not |
| we had | had we? | we had not |
| you had | had you? | you had not |
| they had | had they? | they had not |

## Les contractions

Les Anglais aiment beaucoup utiliser les contractions lorsqu'ils parlent.
En voici donc quelques-unes, qui sont les formes contractées de ce que l'on apprend dans ce livre.
I am = I'm; you are = you're; he/she/it is = he's/she's/it's; we are = we're; they are = they're; you were, etc. = you're; I was not = I wasn't; you were not, etc. = you weren't etc.; I have, you have, etc. =I've, you've, etc.; he has = he's; I had, you had, etc. = I'd, you'd, etc.; I had not, etc. = I hadn't; I do not, etc. = I don't; he does not = he doesn't; I did not, etc. = I didn't; I will not, etc. = I won't.
Pour les verbes être et avoir à la forme négative, il existe deux formes contractées (sauf pour I am not = I'm not): you're not/you aren't, he's not/he isn't, etc. et I've not/I haven't, he's not/he hasn't, etc.

## Le passé

Le passé s'exprime de deux façons:
– avec le prétérit quand l'action a eu lieu à un moment précis du passé et qu'elle est complètement terminée. Ex.: J'ai beaucoup travaillé hier.
– avec le "present perfect" lorsque l'action, commencée dans le passé, se continue dans le présent. Ce temps correspond à un passé composé français.
Ex.: Je me suis cassé la jambe (elle est encore cassée au moment où je parle).

# Le prétérit

Il se forme en ajoutant **ed** à la base verbale à la forme affirmative et avec **did** à la forme interrogative, **did not** à la forme négative (contraction : **didn't**). Voici la conjugaison du verbe **to work** travailler au prétérit.

| F. affirmative | F. interrogative | F. négative |
|---|---|---|
| **I worked** | **did I work?** | **I did not work** |
| **you worked** | **did you work?** | **you did not work** |
| **he/she/it worked** | **did he/she/it work?** | **he/she/it did not work** |
| **we worked** | **did we work?** | **we did not work** |
| **you worked** | **did you work?** | **you did not work** |
| **they worked** | **did they work?** | **they did not work** |

Les verbes en **e** prennent seulement **d** (**like, liked**). Les verbes en y changent l'y en **ied** (**cry, cried**). Les verbes terminés par une consonne précédée d'une voyelle redoublent la consonne finale avant d'ajouter **ed** (**knit, knitted**).

> Ex.: **I worked a lot yesterday** J'ai beaucoup travaillé hier.
> **I went to the pictures on Monday** Je suis allé au cinéma lundi.
> **He lived in Madrid in 1986** Il a vécu à Madrid en 1986.

Toutefois, il y a des exceptions à la règle de la terminaison en **ed**. On a déjà parlé des verbes irréguliers à l'occasion de la conjugaison des verbes être et avoir. Ce sont des verbes qui ont des formes particulières au prétérit et au participe passé (voir ci-dessous). La liste de ces verbes se trouve à la page 104. Apprenez-les par coeur, mais pas tous à la fois, quatre ou cinq par jour par exemple.

# Le "present perfect"

Pour tous les verbes, y compris être et avoir, le "present perfect" se forme avec le présent du verbe avoir suivi du participe passé. Le participe passé des verbes (sauf ceux qui sont irréguliers) se forme en ajoutant **ed** à la base verbale (ex. **listen, listened;**). Les modifications en fin de verbe sont les mêmes que pour le prétérit (voir plus haut). Voici la conjugaison du verbe **to work** travailler au "present perfect".

| F. affirmative | F. interrogative | F. négative |
|---|---|---|
| **I have worked** | **have I worked?** | **I have not worked** |
| **you have worked** | **have you worked?** | **you have not worked** |
| **he/she/it has worked** | **has he/she/it worked?** | **he/she/it has not worked** |
| **we have worked** | **have we worked?** | **we have not worked** |
| **you have worked** | **have you worked?** | **you have not worked** |
| **they have worked** | **have they worked?** | **they have not worked** |

> Ex.: **I have worked a lot today** J'ai beaucoup travaillé aujourd'hui.
> **I have broken my arm** Je me suis cassé le bras.
> **Has she finished her work?** A-t-elle fini son travail?
> **We have not studied this subject** Nous n'avons pas étudié ce sujet.

# Le futur

En anglais comme en français il y a plusieurs façons d'exprimer le futur.
Voici les deux plus fréquentes.
**Le futur simple:** il exprime une simple prévision, un futur inévitable (il fera beau demain), une idée qui vient à l'instant (je crois que je vais sortir).
**Le futur d'intention:** il exprime une action que l'on va accomplir.

## Le futur simple

le futur simple de tous les verbes se forme en mettant **will** devant la base verbale (forme contractée **'ll**). A la forme interrogative **will** se place avant le sujet et à la forme négative on emploie **will not** (forme contractée **won't**).
Voici la conjugaison du verbe **to come** venir au futur.

| F. affirmative | F. interrogative | F. négative |
|---|---|---|
| I will come | will I come? | I will not come |
| you will come | will you come? | you will not come |
| he/she/it will come | will he/she/it come? | he/she/it will not come |
| we will come | will we come? | we will not come |
| you will come | will you come? | you will not come |
| they will come | will they come? | they will not come |

Ex.: **We will go to Paris** Nous irons à Paris.
**It won't rain tomorrow** Il ne pleuvra pas demain.
**Will you do this for me?** Est-ce que tu feras ceci pour moi?

## Le futur d'intention

Il se forme avec le verbe être au présent suivi de **going to** et de la base verbale (en français futur simple ou "je vais . . ."). Voici le verbe **to buy** acheter conjugué au futur d'intention. Bien sûr, on peut contracter les formes du verbe être (**I'm, you're, he's,** etc.). Forme interrogative: **am I?** etc. Forme négative: **I'm not,** etc.

I am going to buy
you are going to buy
he/she is going to buy
we are going to buy
you are going to buy
they are going to buy

Ex.: **I am going to buy an ice-cream** Je vais acheter une glace.
**Are you going to see her tomorrow?** Est-ce que tu la verras demain?

## L'impératif

C'est un temps qui sert à donner des ordres ou à exprimer une interdiction.
Ex.: **Work!** Travaillez!
Il se forme avec l'infinitif sans **to** à la deuxième personne du singulier ou du pluriel.
Ex.: **Look!** Regarde! Regardez!
La forme négative se forme avec l'infinitif sans **to** précédé de **don't**:
Ex.; **Don't do that!** Ne fais pas ça!

# Verbes irréguliers

Voici la liste des verbes irréguliers que vous trouverez dans cet ouvrage. Vous devez les apprendre par coeur. On s'est volontairement limité à ceux qui sont dans la partie illustrée du livre afin de ne pas encombrer la mémoire. Il y en a beaucoup d'autres, que vous apprendrez à mesure que vous progresserez dans l'apprentissage de la langue.

| | | |
|---|---|---|
| **be** (bii) être | **was** (ouoze) | **been** (biine) |
| **break** (bréïke) casser | **broke** (brôouke) | **broken** (brôoukeune) |
| **bring** (brin(e)gue) apporter | **brought** (brôote) | **brought** (brôote) |
| **burst** (beu(r)ste) éclater | **burst** (beu(r)ste) | **burst** (beu(r)ste) |
| **buy** (baï) acheter | **bought** (bôote) | **bought** (bôote) |
| **catch** (katche) attraper | **caught** (kôote) | **caught** (kôote) |
| **cost** (koste) coûter | **cost** (koste) | **cost** (koste) |
| **dig** (digue) creuser | **dug** (doeugue) | **dug** (doeugue) |
| **do** (dou) faire | **did** (dide) | **done** (doeune) |
| **drink** (drin(e)k) boire | **drank** (drank) | **drunk** (droeunk) |
| **drive** (draïve) conduire | **drove** (drôouve) | **driven** (driv(e)ne) |
| **eat** (iite) manger | **ate** (ète) | **eaten** (iit(e)ne) |
| **fall** (fôol) tomber | **fell** (fèl) | **fallen** (fôoleune) |
| **feed** (fiide) donner à manger | **fed** (fède) | **fed** (fède) |
| **feel** (fiil) sentir | **felt** (fèlte) | **felt** (fèlte) |
| **find** (faïnde) trouver | **found** (faounde) | **found** (faounde) |
| **get** (guète) obtenir, devenir | **got** (gote) | **got** (gote) |
| **give** (guive) donner | **gave** (guéïve) | **given** (guiv(e)ne) |
| **go** (gôou) aller | **went** (ouènte) | **gone** (gone) |
| **hang** (hangue) pendre, suspendre | **hung** (hoeungue) | **hung** (hoeungue) |
| **have** (have) avoir | **had** (hade) | **had** (hade) |
| **hide** (haïde) se cacher | **hid** (hide) | **hidden** (hid(e)ne) |
| **hold** (hôoulde) tenir | **held** (hèlde) | **held** (hèlde) |
| **keep** (kiipe) garder | **kept** (kèpte) | **kept** (kèpte) |
| **kneel** (niil) s'agenouiller | **knelt** (nèlte) | **knelt** (nèlte) |
| **lay** (léï) poser, mettre, pondre | **laid** (léïde) | **laid** (léïde) |
| **lean** (liine) s'appuyer | **leant** (lènte) | **leant** (lènte) |
| **learn** (leu(r)ne) apprendre | **learnt** (leu(r)nte) | **learnt** (leu(r)nte) |
| **lie** (laï) être couché, étendu | **lay** (léï) | **lain** (léïne) |
| **lose** (louze) perdre | **lost** (loste) | **lost** (loste) |
| **make** (méïke) faire | **made** (méïde) | **made** (méïde) |
| **meet** (miite) rencontrer | **met** (mète) | **met** (mète) |
| **mow** (môou) faucher; tondre (le gazon) | **mowed** (môoude) | **mowed** (môoude), **mown** (môoune) |
| **put** (poute) mettre | **put** (poute) | **put** (poute) |
| **read** (riide) lire | **read** (rède) | **read** (rède) |
| **ride** (raïde) aller à cheval, à bicyclette | **rode** (rôoude) | **ridden** (rid(e)ne) |
| **ring** (rin(e)gue) sonner | **rang** (rangue) | **rung** (roeungue) |
| **run** (roeune) courir | **ran** (rane) | **run** (roeune) |
| **say** (séï) dire | **said** (sède) | **said** (sède) |
| **see** (sii) voir | **saw** (sôo) | **seen** (siine) |

| | | |
|---|---|---|
| send (sènde) envoyer | sent (sènte) | sent (sènte) |
| sell (sèl) vendre | sold (sôoulde) | sold (sôoulde) |
| sew (sôou) coudre | sewed (sôoude) | sewn (sôoune) |
| shake (chéïke) secouer | shook (chouk) | shaken (chéïk(e)ne) |
| shine (chaïne) briller | shone (chôoune) | shone (chôoune) |
| shut (choeute) fermer | shut (choeute) | shut (choeute) |
| sing (sin(e)gue) chanter | sang (sangue) | sung (soeungue) |
| sit (site) être assis | sat (sate) | sat (sate) |
| sleep (sliipe) dormir | slept (slèpte) | slept (slèpte) |
| sow (sôou) semer | sowed (sôoude) | sowed (sôoude), sown (sôoune) |
| spend (spènde) dépenser; passer (le temps) | spent (spènte) | spent (spènte) |
| stand (stande) être debout | stood (stoude) | stood (stoude) |
| steal (stiil) voler | stole (stôoule) | stolen (stôouleune) |
| stick (stik) coller | stuck (stoeuk) | stuck (stoeuk) |
| sting (stin(e)gue) piquer | stung (stoeungue) | stung stoeungue) |
| swim (souime) nager | swam (souame) | swum (souoeume) |
| take (téïke) prendre | took (touk) | taken (téïkeune) |
| teach (tiitche) enseigner | taught (tôote) | taught (tôote) |
| tear (tèeu(r)) se déchirer | tore (tôo(r)) | torne (tôo(r)ne) |
| think (sin(e)k) penser | thought (sôote) | thought (sôote) |
| throw (srôou) jeter, lancer | threw (srou) | thrown (srôoune) |
| wear (ouèeu(r)) porter (vêtement) | wore (ouôo(r)) | worn (ouôo(r)ne) |
| weep (ouiipe) pleurer | wept (ouèpte) | wepte (ouèpte) |
| write (raïte) écrire | wrote (rôoute) | written (riteune) |

## Quelques questions

On emploie **who** qui? qui est-ce qui? pour interroger sur les personnes. On emploie **what** que? qu'est-ce que? quoi? quel? pour interroger sur les choses ou les animaux. On emploie **whose** à qui? pour interroger sur la possession. On emploie **which** quel? lequel? quand on propose un choix limité à 2 ou 3 possibilités pour les personnes, les animaux et les choses et **what?** au-delà. Exemples:

**Who is this man?** Qui est ce monsieur?
**What are you doing?** Qu'est-ce que tu fais?
**Whose boat is this?** A qui est ce bateau?
**Which colour do you prefer?** Quelle couleur préfères-tu? (entre deux ou trois)
**Which of these boys is your friend?** Lequel de ces garçons est ton ami? (entre 2 ou 3)
**What do you choose?** Que choisis-tu?

Et aussi . . .

**When did she go to Paris?** Quand est-elle allée à Paris?
**How did you get here?** Comment es-tu venu?
**How much does the ticket cost?** Combien coûte le billet?
**How long is the film?** Combien de temps dure le film?
**How many brothers do you have?** Combien de frères as-tu?
**Why did he say that?** Pourquoi a-t-il dit cela?
**Where is the cinema?** Où est le cinéma?
**Where are you from?** D'où venez-vous?

# L'explication des phrases

La partie illustrée du livre comprend, outre les mots, des phrases et des expressions. Voici à présent, avec la référence des pages où les trouver, quelques-unes de ces phrases et expressions décomposées, avec l'équivalent français, la traduction littérale* si possible et l'explication des mots dont elles sont formées. Lorsque le sens mot pour mot est le même dans les deux langues, on n'a pas relevé la phrase. Les points grammaticaux sont expliqués dans la partie grammaire.

page 4
●**See you later** A tout à l'heure.
Littéralement**: "Je te verrai plus tard·" **To see** = voir; **later** = comparatif de supériorité de **late** tard.
●**How are you?** Comment allez-vous?
Emploi idiomatique du verbe "être." Litt.: "Comment êtes-vous?"
Réponse: (**I'm**) **very well** (Je vais) très bien.

page 5
●**What's your name?** Comment t'appelles-tu?
Litt. "Quel est ton/votre nom?" **What** = pronom interrogatif "que?" "qu'est-ce-que?" "quoi?" "quel?" Réponse: **My name is . . .** Je m'appelle . . . Litt. "Mon nom est . . ."
●**How old are you?** Quel âge as-tu?
Emploi idiomatique du verbe "être" pour l'âge. **How** = comment, comme.
**Old** = vieux. Réponse: **I'm nineteen** J'ai dix-neuf ans.

page 11
●**to stand up** se lever, **to kneel down** s'agenouiller, **to lie down** s'allonger, **to sit down** s'asseoir:
verbe + préposition: l'action de "se lever", etc.
**to be standing** être debout, **to be kneeling** être à genoux, **to be lying down** être allongé, **to be sitting down** être assis:
verbe être + forme verbale en **ing**: la position.

page 12
●**I'm at home** Je suis chez moi:
"Chez moi, chez toi," etc.: **at home. At** = à, **home** = chez soi, sa maison.

page 18
●**Beware of the dog** Attention, chien méchant:
Litt: "Se méfier (**to beware**) du chien."

page 20
●**To have a shower** Prendre une douche:
"Prendre" se traduit souvent par **to have** dans certaines expressions. Autres exemples: **to have a bath** (p. 24) prendre un bain; **to have breakfast** prendre le petit déjeuner.

page 24
●**To be sleepy** Avoir sommeil:
L'un des nombreux cas où l'on traduit "avoir" par le verbe "être". Autres exemples: **to be hungry** avoir faim (p.26); **to be thirsty** avoir soif (p.26); **to be seasick** avoir le mal de mer (p.57); **to be hot** avoir chaud (p.85).

*La traduction littérale est introduite par le signe =.
  **Littéralement est abrégé "litt.".

●**To get dressed/to get undressed** s'habiller/se déshabiller. Emploi idiomatique du verbe **to get** = devenir. **Dressed/undressed** participes passés des verbes **to dress/to undress** habiller/déshabiller. Autres exemples: **to get engaged** se fiancer, **to get married** se marier (p.79).

page 26
●**Enjoy your meal!** Bon appétit!
**To enjoy** = apprécier, aimer; **your meal** = ton/votre repas. Beaucoup moins utilisé en Angleterre qu'en France.

page 37
●**What would you like?** Que désirez-vous?
**What** =que; **would you like** = aimeriez-vous. On emploie ici le conditionnel, qui se forme avec **would** (**would not** à la forme négative) + le verbe.

page 42
●**To go shopping** faire les courses:
Emploi idiomatique du verbe **to go** aller + un autre verbe avec **ing** pour traduire "faire quelque chose". Autres exemples: **to go window-shopping** faire du lèche-vitrines (p.44); **to go mountaineering** faire de l'alpinisme (p.60); **to go skiing** faire du ski (p.60); **to go fishing** aller à la pêche (p.61).

page 44
●**Can I help you?** Vous désirez?
**Can I** = puis-je; **to help** = aider; **you** = te/vous.
●**How much is . . .?** Combien coûte . . .?
**How much** =combien; emploi du verbe "être" pour cette expression idiomatique.

page 48
●**Who's speaking?** Qui est à l'appareil?
**Who** = qui; **is speaking** = présent continu du verbe **to speak**. Donc litt. "qui est en train de parler?"

page 49
●**Dear Sir/Madam** Monsieur/Madame:
**Dear** = cher; on commence toujours ainsi une lettre en anglais, même très formelle.
●**Please find enclosed** Veuillez trouver ci-joint:
**Please** = s'il vous plaît; **to find** = trouver; **enclosed** = ci-joint.
●**Yours faithfully** Je vous prie de croire, Monsieur/Madame, à mes sentiments les meilleurs:
Formule de politesse simple et facile, qui résume le tout! On peut aussi dire **Yours sincerely,** si l'on connaît la personne.
●**It was lovely to hear from you** J'ai été très content d'avoir de tes nouvelles:
**Lovely** = agréable, plaisant; **to hear from somebody** = recevoir des nouvelles de quelqu'un.
●**Love from** Bons baisers:
**Love** =amour, affection; **from** = de. Pour terminer une lettre non formelle.
●**Having a lovely time** Nous nous amusons beaucoup:
**To have** = avoir; **a lovely time** =des moments agréables.

page 54

•**The train to . . .** Le train à destination de . . .; **the train from . . .** Le train en provenance de . . .
**To** est une préposition de mouvement qui indique qu'une personne, une chose ou un animal vont dans un endroit déterminé. **From** est aussi une préposition de mouvement qui indique la provenance, l'origine.

page 81

•**(on) Tuesday, the 2nd of June . . .** le mardi deux juin . . .
Il est à noter que pour les dates, on utilise en anglais les nombres ordinaux (premier, deuxième, etc). Donc litt. "mardi, le deuxième jour de juin".

page 82

•**In the morning** le matin, **in the daytime** le jour, **in the evening** le soir, **at night** la nuit: **In** et **at** sont des prépositions de temps. Outre les mots que l'on vient de voir, **in** s'emploie devant les mois, les saisons et les années. Ex.: **in June** en juin.
**At** s'emploie pour indiquer les heures et les différents moments de la journée. Ex.: **at ten** à dix heures.

page 83

•**What time is it?** Quelle heure est-il?
**What** = quel; **time** = temps; **is it?** = est-il?
On dit l'heure de la façon suivante: pour les minutes entre l'heure et la demie, on donne le nombre de minutes après l'heure, le mot **past,** qui veut dire "après," et l'heure qui vient d'être dépassée; pour les minutes avant l'heure (entre la demie et l'heure), on donne le nombre de minutes avant l'heure, le mot **to,** qui veut dire "jusqu'à", et l'heure qu'on va atteindre. Pour l'heure pile, on peut ajouter **o'clock.** Voir les exemples dans la partie illustrée.
En anglais, on dit rarement 13 heures, etc. (sauf pour les horaires de train et d'avion). On dit 1 heure, etc. mais pour ne pas faire d'erreur on précise: **a.m.,** on peut aussi dire **in the morning,** et **p.m.,** on peut aussi dire **in the afternoon** ou **in the evening.**

page 84

•**It's raining** Il pleut:
Le verbe **to rain** pleuvoir s'emploie toujours avec **it** pronom personnel sujet neutre. Autre exemple p.85: **It's snowing** Il neige.

page 85

•**What is the weather like?** Quel temps fait-il?
Expression idiomatique. **What is . . . like?** signifie "Comment est . . .?"
•**It's windy** Il fait du vent; **It's foggy** Il fait du brouillard; **It's cold** Il fait froid; **It's fine** Il fait beau:
On emploie le verbe **to be** être pour traduire "il fait" suivi de l'adjectif approprié (ici **windy** = venteux, **foggy** = brumeux, **cold** = froid, **fine** = beau).

page 94

•**To look for** chercher; **to wait for** attendre; (page 95) **to knock over** renverser:
Certains verbes sont toujours suivis d'une préposition précise et ne s'en séparent jamais. Il faut apprendre verbe et préposition ensemble.
Ex.: **I am looking for my dog** Je cherche mon chien. **He has knocked over the jug** Il a renversé le pot.

# Index des mots français-anglais

Voici la liste alphabétique française de tous les mots et expressions anglais figurant dans la partie illustrée du livre. Lorsqu'un mot est employé dans une phrase ou une expression, vous trouverez celle-ci après le mot et également classée suivant les différents mots qui la composent.

La traduction anglaise du mot (ou de la phrase) est suivie de sa prononciation en italique. C'est une prononciation simplifiée, "à la française", destinée à vous aider à prononcer des mots nouveaux. Le mieux, pour prononcer correctement, est d'écouter parler des Anglais (à la radio ou au cinéma par exemple) le plus souvent possible.

Lisez les mots comme des mots français, en tenant compte des quelques règles suivantes:

- En anglais on prononce toujours la consonne finale.
- Le "r" anglais se prononce avec la partie avant de la langue, comme le "l", en relevant la pointe de la langue vers le palais.
- A la fin d'un mot ou devant une consonne, le "r" est à peine prononcé. Son effet est d'allonger la voyelle qui le précède [ex.: to purr tou peu(r)].
- Certaines sonorités anglaises sont inconnues en français. La transcription de la prononciation ne peut donc être qu'approximative. Par exemple, le a de cat [kate] se prononce entre le a et le e, comme dans patte. Le e de paper [péïpeu(r)] se prononce comme le eu de beurre. Il existe également en anglais un o ouvert [ex.: shop (chope)] qui se rapproche du o de bol. Un autre son fréquent, entre le a et le eu (ex.: oeuf), se retrouve dans des mots tels que drum [droeume], money [moeuni].
- th (father), z: son "z" en zézayant.
- th (thin), s: son "s" en projetant la langue entre les dents.
Ces sons particuliers, représentés par un s et un z sont donc en gras dans la prononciation.
- De plus, certaines voyelles donnent un son particulier en anglais. Exemples: tomato (tomate) teumâatôou; goal (but) gôoul; bait (amorce) béïte; spider (araignée) spaïdeu(r); mountain (montagne) maountine.
- A noter: c: k; g: gue; j: dj; w: ou, comme whisky, William; y: i ou aï, ex.: balcony [balkeuni], fly [flaï].
- Pour transcrire le son anglais "ing" prononcé en séparant chaque lettre, on a intercalé un (e) muet entre les deux consonnes.

## A

| | | |
|---|---|---|
| abeille | bee | bii |
| aboyer | to bark | tou bâa(r)k |
| abricot | apricot | éïprikote |
| accélérer | to accelerate, to gather speed | tou ak(e)séleuréïte, tou gazeu(r) spiide |
| d'accord | I agree, agreed | aï eugrii, eugriide |
| s'accrocher | to hang on to | tou hangone tou |
| acheter | to buy | tou baï |
| acteur | actor | akteu(r) |
| actrice | actress | aktrisse |
| addition | bill | bile |
| additionner | to add | tou ade |
| adresse | address | eudrèsse |
| adroit | skilful, good with your hands | skilfoule, goude ouize ioueu(r) hand(e)ze |
| aéroport | airport | èeu(r)pôote |
| affaire (une bonne) | bargain | bâa(r)guine |
| affairé | bustling | boeusslin(e)g |
| affiche publicitaire | advertisement | ad(e)veu(r)-tissmeunte |
| Afrique | Africa | afrikeu |
| âge | age | éïdje |
| Quel âge as-tu? | How old are you? | haou ôoulde âariou? |
| J'ai dix-neuf ans. | I'm nineteen. | aïme naïnetiine |
| le même âge que | the same age as | zeu séïme éïdje aze |
| plus âgé que | older than | ôouldeu(r) zane |
| agenda | diary | daïeuri |
| s'agenouiller | to kneel down | tou niile daoune |
| agent de police | policeman (homme), policewoman (femme) | peuliissmeune, peuliissououmeune |
| agiter | to shake | tou chéïke |
| agneau | lamb | lame |
| aider | to help | tou hèlpe |
| aigle | eagle | iigueul |
| aiguille | needle | niid(e)l |
| aiguilles à tricoter | knitting needles | nitin(e)g niid(e)lze |
| ail | garlic | gâa(r)lik |
| aile | wing | ouin(e)gue |
| aimer | to love | tou loeuve |
| aimer bien | to be fond of | tou bi fondove |
| beaucoup aimer | to enjoy, to like | tou in(e)djoï, tou laïke |
| air (musique) | tune | tioune |
| algue | seaweed | siiouide |
| allée | aisle; (de jardin) path | aïle; pâas |
| Allemagne | Germany | djeu(r)meuni |
| allemand (langue et sujet) | German | djeu(r)meune |
| aller | to go | tou gôou |
| Pour aller à . . .? | Which way is . . .? | ouitche ouéï ize |
| aller en bateau | to travel by boat, to sail | tou trav(e)l baï bôoute, tou séïl |
| aller au cinéma | to go to the cinema | tou gôou tou ze sinimeu |
| aller au lit | to go to bed | tou gôou tou bède |
| aller à la pêche | to go fishing | tou gôou fichin(e)g |
| aller à pied | to walk, to go on foot | tou ouauk, tou gôou one foute |
| aller au supermarché | to go to the supermarket | tou gôou tou zeu soupeumâa(r)kite |
| aller tout droit | to go straight on | tou gôou stréïtone |

**109**

| | | |
|---|---|---|
| aller travailler | to go to work | tou gôou tou oueu(r)k |
| aller en vacances | to go on holiday | tou gôou one holidéï |
| Comment allez-vous? | How are you? | haou âa(r)iou |
| alliance | wedding ring | ouèdin(e)g rin(e)gue |
| Allô | Hello | hèlôou |
| être allongé | to be lying down | tou bi laïin(e)g daoune |
| s'allonger | to lie down | tou laï daoune |
| allumer | to switch the light on | tou souitche zeu laïtone |
| alphabet | alphabet | alfeubite |
| alpinisme | mountaineering | maountinieurin(e)g |
| faire de l'alpinisme | to go mountaineering | tou gôou maountinieurin(e)g |
| alpiniste | climber | klaïmeu(r) |
| ambulance | ambulance | ambiouleunse |
| amer | bitter | biteu(r) |
| Amérique du Sud | South America | saous eumérikeu |
| ameublement (rayon) | furniture | feu(r)nitieu(r) |
| ami, ie (l') | friend | frènde |
| amorce | bait | béïte |
| bien s'amuser | to enjoy yourself, to have fun | tou in(e)djoï iou(r)sèlf, tou have foeune |
| Nous nous amusons beaucoup. | Having a lovely time. | havin(e)g eu loeuv(e)li taïme |
| ancre | anchor | ankeu(r) |
| âne | donkey | donki |
| anglais (langue et sujet) | English | in(e)gliche |
| animal | animal | animeul |
| année | year | iieu(r) |
| Bonne année | Happy New Year | hapi niou iieu(r) |
| jour de l'An | New Year's Day | niou iieu(r)ze déï |
| anniversaire | birthday | beu(r)sdéï |
| Bon anniversaire | Happy birthday | hapi beu(r)sdéï |
| annuaire | telephone directory | télifôoune daïrèkteuri |
| août | August | ôogueuste |
| appareil photo | camera | kam(e)reu |
| Qui est à l'appareil? (au téléphone) | Who's speaking? | ououze spiikin(e)g |
| appartement | flat | flate |
| s'appeler | to be called, to be named | tou bi kôolde, tou bi néïm(e)de |
| Je m'appelle . . . | My name is . . . | maï néïmize |
| Il s'appelle . . . | His name is . . . | hize néïmize |
| Comment t'appelles-tu? | What's your name? | ouot(e)ss ioueu(r) néïme |
| appeler police secours | to dial 999 | tou daïeul naïne naïne naïne |
| appeler un taxi | to hail a taxi | tou héïl eu taksi |
| appentis | garden shed | gâa(r)deune chède |
| Bon appétit! | Enjoy your meal! | in(e)djoï ioueu(r) miil |
| applaudir | to clap | tou klape |
| apprendre | to learn | tou leu(r)ne |
| apprivoisé | tame | téïme |
| s'appuyer sur | to lean on | tou liine one |
| après-demain | the day after tomorrow | zeu déï âafteu(r) toumorôou |
| après-midi | afternoon | âafteu(r)noune |
| araignée | spider | spaïdeu(r) |

| | | |
|---|---|---|
| arbitre | referee | réfeurii |
| arbre | tree | trii |
| arc-en-ciel | rainbow | réïn(e)bôou |
| architecte | architect | âa(r)kitekte |
| argent | money (sous), silver (métal) | moeuni, silveu(r) |
| en argent | made of silver | méïdove silveu(r) |
| changer de l'argent | to change money | tou tchéïndje moeuni |
| mettre de l'argent en banque | to put money in the bank | tou poute moeuni ine zeu bank |
| retirer de l'argent | to take money out | tou téïke moeuni aoute |
| arrêt d'autobus | bus stop | boeuss stope |
| en arrière | backwards | bakoueud(e)ze |
| Arrivées | Arrivals | euraïveulze |
| arriver à l'heure | to be on time | tou bi one taïme |
| arrosoir | watering can | ouauteurin(e)g kane |
| article (de journal) | article | âa(r)tikeul |
| artiste | painter | péïnteu(r) |
| ascenseur | lift | lifte |
| s'asseoir | to sit down | tou site daoune |
| s'asseoir au coin du feu | to sit by the fire | tou site baï zeu faïeu(r) |
| être assis | to be sitting down | tou bi sitin(e)g daoune |
| assiette | plate | pléïte |
| athlétisme | athletics | aslétikss |
| Atlantique | Atlantic Ocean | atlantik ôoucheune |
| attendre | to wait for | tou ouéïte fo(r) |
| Attention, chien méchant | Beware of the dog | biouèeu(r) ove zeu dogue |
| atterrir | to land | tou lande |
| attraper | to catch | tou katche |
| attraper un poisson | to catch a fish | tou katche eu fiche |
| aube | dawn | dôone |
| aujourd'hui | today | teudéï |
| autobus | bus | boeuss |
| arrêt d'autobus | bus stop | boeuss stope |
| prendre l'autobus | to take the bus | tou téïke zeu boeuss |
| autocar | coach | kôoutche |
| autoroute | motorway | môouteuouéï |
| autrefois | in the past | ine zeu pâaste |
| autruche | ostrich | osstritche |
| en avant | forwards | fôo(r)oueud(e)ze |
| avant-hier | the day before yesterday | zeu déï bifôo(r) ièsseudéï |
| avec | with | ouize |
| avec balcon | with balcony | ouize balkeuni |
| avec salle de bains | with bathroom | ouize bâasroume |
| avenir | future | fioutieu(r) |
| dans l'avenir | in the future | ine zeu fioutieu(r) |
| avion | aeroplane | èeureupléïne |
| par avion | airmail | èeu(r)méïl |
| avocat (justice) | lawyer | lôoieu(r) |
| avoir | to have | tou have |

## B

| | | |
|---|---|---|
| bagages à main | hand luggage | hande loeuguidje |
| bague | ring | rin(e)gue |
| baguette (pain) | French stick/bread | frèntche stik/brède |
| se baigner | to swim, to have a swim | tou souime, tou have eu souime |

| baignoire | bath | bâas |
|---|---|---|
| bâiller | to yawn | tou iôone |
| bain | bath | bâas |
| faire couler un bain | to run a bath | tou roeune eu bâas |
| prendre un bain | to have a bath | tou have eu bâas |
| balance | scales | skéilze |
| balançoire | swing | souin(e)gue |
| balcon | balcony | balkeuni |
| avec balcon | with balcony | ouize balkeuni |
| balle | ball | baule |
| ballet (danse) | ballet | baléï |
| ballon | balloon (gonflé); ball | beuloune; baule |
| ballon de foot | football | foutebaule |
| banane | banana | beunâaneu |
| banc | bench | bèntche |
| bandage | bandage | bandidje |
| bandeau | headband | hèdebande |
| banlieue | suburb | soeubeube |
| banque | bank | bank |
| barbe | beard | bieude |
| porter la barbe | to have a beard | tou have eu bieude |
| barboter | to paddle | tou padeul |
| barrière | barrier, gate | barieu(r), guéïte |
| en bas | down, downstairs | daoune, daoun(e)stèeu(r)ze |
| basse-cour | farmyard | fâa(r)miâa(r)de |
| bassin | pond | ponde |
| bateau | boat | bôoute |
| bateau de pêche | fishing boat | fichin(e)g bôoute |
| aller en bateau | to travel by boat, to sail | tou traveul baï bôoute, tou séil |
| bâtiment | building | bildin(e)g |
| bâton de ski | ski pole | ski pôoule |
| bavarder | to chat | tou tchate |
| beau | handsome, beautiful | han(e)seume |
| Il fait beau. | It's fine. | it(e)ss faïne |
| bébé | baby | béïbi |
| bec | beak | biik |
| bêche | spade | spéïde |
| beignet | doughnut | dôounoeute |
| Belgique | Belgium | bèldjeume |
| berceuse | lullaby | loeuleubaï |
| beurre | butter | boeuteu(r) |
| bibliothèque | library | laïbreuri |
| bicyclette | bicycle | baïssik(e)l |
| aller à bicyclette | to ride a bicycle | tou raïde eu baïssik(e)l |
| bien | well | ouèl |
| avoir bien mangé | to have eaten well | tou have iiteune ouèl |
| Très bien, merci. (Réponse à "Comment allez-vous?") | Very well, thank you. | véri ouèl sankiou |
| bière | beer | bieu(r) |
| bifteck | steak | stéïk |
| bijoux | jewellery | djoueulri |
| billet | (argent) note; (de train) ticket | nôoute; tikite |
| billet aller retour | return ticket | riteu(r)ne tikite |
| billet d'avion | airline ticket | èeu(r)laïne tikite |
| biologie | biology | baïoleudji |
| Bis! | Encore! | enkôo(r) |
| biscuit | biscuit | biskite |
| faire la bise à | to kiss | tou kisse |
| blanc | white | ouaïte |
| blé | wheat | ouiite |
| blessé (le) | patient | péïcheunte |

| blessure | cut | koeute |
|---|---|---|
| bleu | blue | blou |
| bleu marine | navy blue | néïvi blou |
| bleu (le) | bruise | brouze |
| blond | blond, fair | blonde, fèeu(r) |
| blouson | jacket | djakite |
| bocal (du poisson) | bowl | bôoule |
| boire | to drink | tou drin(e)k |
| bois | wood | ououde |
| en bois | wooden, made of wood | ououdeune, méïdove ououde |
| boîte (en fer; où l'on danse) | tin; discothèque | tine; diskôoutèke |
| aller en boîte | to go to a discothèque | tou gôou tou eu diskôoutèke |
| boîte aux lettres | letter box | lèteu(r) bokss |
| boîte à ordures | bin, litter bin | bine, liteu(r) bine |
| bol | bowl | bôoule |
| bon | good | goude |
| Bon anniversaire | Happy birthday | hapi beu(r)sdéï |
| bon marché | good value | goude valiou |
| C'est bon marché. | It's good value. | it(e)ss goude valiou |
| C'est très bon. | It tastes good. | ite téïsst(e)ss goude |
| Bonne année | Happy New Year | hapi niou iieu(r) |
| Bonne chance! | Good luck! | goude loeuk |
| Bonne nuit | Good-night | goude naïte |
| en bonne santé | healthy | hèlsi |
| Bons baisers (en fin de lettre) | Love from ... | loeuve frome |
| bonde | plug | ploeugue |
| bonhomme de neige | snowman | snóoumane |
| Bonjour | Good morning, Hello | goude môo(r)nin(e)g, hèlôou |
| bosse | hump | hoeumpe |
| bottes | boots | bout(e)ss |
| bottes de caoutchouc | wellington boots | ouèlin(e)tone bout(e)ss |
| bouche | mouth | maous |
| boucherie | butcher's shop | boutcheu(r)ze chope |
| boucles d'oreilles | earrings | ieurin(e)gueze |
| boueux | dustman | doeust(e)meune |
| bougie | candle | kand(e)l |
| boulangerie | bakery | béïkeuri |
| bouquet de fleurs | bunch of flowers | boeuntche ove flaoueu(r)ze |
| bouteille | bottle | bot(e)l |
| boutique | boutique | boutiik |
| bouton | button | boeut(e)ne |
| bouton d'or | buttercup | boeuteukoeupe |
| bracelet | bracelet | bréïsselite |
| brancard | stretcher | strèt(e)cheu(r) |
| branche | branch | brâantche |
| bras | arm | âa(r)me |
| nager la brasse | to do breast-stroke | tou dou brèste strôouke |
| bricoler | to do odd jobs | tou dou odde djob(e)ze |
| briller | to shine | tou chaïne |
| broche | brooch | brôoutche |
| bronzé | tanned | tan(e)de |
| se bronzer | to sunbathe | tou soeun(e)béïse |
| brosse | brush | broeuche |
| brosse à dents | toothbrush | tousbroeuche |
| se brosser les cheveux | to brush your hair | tou broeuche ioueu(r) hèeu(r) |

| | | |
|---|---|---|
| brouette | wheelbarrow | ouiilbarôou |
| brouillard | fog | fogue |
| Il fait du brouillard. | It's foggy. | it(e)ss fogui |
| brûlure | burn | beu(r)ne |
| brun (couleur; peau) | brown; dark | braoune; dâa(r)k |
| bruyant | noisy | noïzi |
| buisson | bush | bouche |
| bulbe | bulb | boeulbe |
| bureau (endroit) | office | ofisse |
| les bureaux | offices, office block | ofissize, ofisse blok |
| but | goal | gôoul |
| marquer un but | to score a goal | tou skôo(r) eu gôoul |

## C

| | | |
|---|---|---|
| cabine | cabin | kabine |
| cabine téléphonique | telephone box | télifôoune bokss |
| se cacher | to hide | tou haïde |
| cadeau | present | prézeunte |
| café | coffee | kofi |
| cafetière | coffee-pot | kofi pote |
| cage | cage | kéïdje |
| cahier | exercise book | èk(e)sseussaïze bouk |
| caisse | checkout | tchèkaoute |
| caissier, ière | cashier | keichieu(r) |
| faire des calculs | to calculate | tou kalkiouléïte |
| cale | hold | hôoulde |
| caleçon (d'homme) | underpants | oeundeupant(e)ss |
| calendrier | calendar | kalènndeu(r) |
| calme | quiet, calm | kouaïeute, kâame |
| caméra | video camera | vidéôou kam(e)reu |
| camion | lorry | lori |
| camionnette | van | vane |
| campagne | country | koeuntri |
| camper | to camp, to go camping | tou kampe, tou gôou kampin(e)g |
| camping | campsite | kamp(e)saïte |
| Canada | Canada | kaneudeu |
| canapé | sofa | sôoufeu |
| canard | duck | doeuk |
| canne à pêche | fishing rod | fichin(e)g rode |
| canoë | canoe | keunou |
| canot à rames | rowing boat | rôouin(e)g bôoute |
| capitaine | captain | kap(e)tine |
| capot (de voiture) | bonnet | bonite |
| caravane | caravan | kareuvane |
| car-ferry | ferry | fèri |
| cargaison | cargo | kâa(r)gôou |
| carnet de chèque | cheque-book | tchèk bouk |
| carotte | carrot | karote |
| carré (forme) | square | skouèeu(r) |
| cartable | satchel | sat(e)cheul |
| carte | (à jouer) card; (routière) map; (dans restaurant) menu | kâa(r)de; mape; méniou |
| jouer aux cartes | to play cards | tou pléï kâard(e)ze |
| carte d'abonnement | season ticket | siiz(e)ne tikite |
| carte d'anniversaire | birthday card | beu(s)déï kâa(r)de |
| carte de crédit | credit card | krédite kâa(r)de |

| | | |
|---|---|---|
| carte postale | postcard | pôoust(e)kâa(r)de |
| caserne de pompiers | fire station | faïeu(r) stéïcheune |
| casquette | cap | kape |
| casser | to break | tou bréïk |
| se casser la jambe | to break your leg | tou bréïke ioueu(r) lègue |
| casserole | saucepan | sôosspeune |
| cassette | cassette | keussette |
| catastrophe | disaster | dizâasteu(r) |
| cathédrale | cathedral | keusiidreul |
| cave | cellar | sèleu(r) |
| ceinture | belt | bèlte |
| ceinture de sécurité | safety belt, seatbelt | séïf(e)ti bèlte, siit(e)bèlte |
| Attachez vos ceintures. | Fasten your seatbelts. | fâasseune ioueu(r) siit(e)bèlt(e)s. |
| célèbre | famous | féïmeusse |
| célébrer | to celebrate | tou sélébréïte |
| cent | a hundred | eu hoeundreude |
| centimètre | centimetre | sèntimiiteu(r) |
| centre (politique) | centre | sènteu(r) |
| centre-ville | town centre | taoune sènteu(r) |
| cercle | circle | seu(r)keul |
| cerise | cherry | tchèri |
| chaîne (TV-radio) | channel | tchan(e)l |
| chaise | chair | tchèeu(r) |
| chambre | bedroom | bèdroume |
| une chambre pour une personne | a single room | eu sin(e)gueul roume |
| une chambre pour deux personnes | a double room | eu doeubeul roume |
| chameau | camel | kam(e)l |
| champ | field | fiilde |
| chance | luck | loeuk |
| Bonne chance | Good luck | goude loeuk |
| changer de l'argent | to change money | tou tchéïndje moeuni |
| chanter | to sing | tou sin(e)g |
| chanter faux | to sing out of tune | tou sin(e)g aoutove tioune |
| chanteur | singer | sin(e)gueu(r) |
| chapeau | hat | hate |
| charcuterie | delicatessen | délikatésseune |
| charger | to load | tou lôoude |
| chariot | trolley | troli |
| chat | cat | kate |
| château de sable | sandcastle | sand(e)kâass(e)l |
| chaton | kitten | kit(e)ne |
| chaud | hot | hote |
| J'ai chaud. | I'm hot. | aïme hote |
| eau chaude | hot water | hote ouauteu(r) |
| chauffeur de taxi | taxi driver | taksi draïveu(r) |
| chaumière | cottage | kotidje |
| chaussettes | socks | sokss |
| chaussures | shoes | chouze |
| chaussures de ski | ski boots | ski bout(e)ss |
| chauve | bald | bôolde |
| être chauve | to be bald | tou bi bôolde |
| chavirer | to capsize | tou kap(e)saïze |
| chef | leader | liideu(r) |
| chef d'orchestre | conductor | keundoeukteu(r) |
| chef de train | guard | gâa(r)de |
| chemin | way, path | ouéï, pâas |
| demander le chemin | to ask the way | tou âask zeu ouéï |
| chemin de fer | railway | réïlouéï |

| | | |
|---|---|---|
| cheminée | chimney, fireplace; (de bateau) funnel | tchim(e)ni, faïeu(r)pléisse; foeun(e)l |
| chemise | shirt | cheu(r)te |
| chemise de nuit | nightdress | naït(e)drèsse |
| chemisier | blouse | blaouze |
| chêne | oak | óouk |
| chèque | cheque | tchèk |
| faire un chèque | to write a cheque | tou raïte eu tchèk |
| cher | expensive; (dans lettre) dear | èksspènsive; dieu(r) |
| C'est cher. | It's expensive. | it(e)ss èksspènsive |
| chercher | to look for | tou louk fo(r) |
| aller chercher | to fetch | tou fètche |
| cheval | horse | hôo(r)se |
| cheveux | hair | hèeu(r) |
| avoir les cheveux … (couleur de cheveux) | to have ( …) hair | tou have ( …) hèeu(r) |
| cheveux blonds | blond hair | blonde hèeu(r) |
| cheveux bruns | brown hair | braoune hèeu(r) |
| cheveux frisés | curly hair | keu(r)li hèeu(r) |
| cheveux raides | straight hair | strèïte hèeu(r) |
| se laver les cheveux | to wash your hair | tou ouoche ioueu(r) hèeu(r) |
| cheville | ankle | ank(e)l |
| chèvre | goat | gôoute |
| chien | dog | dogue |
| chien de berger | sheepdog | chiip(e)dogue |
| chimie | chemistry | kémistri |
| Chine | China | tchaïna |
| chiot | puppy | poeupi |
| chirurgien | surgeon | seu(r)djeune |
| chocolat | chocolate | tchoklite |
| choeur | choir | kouaïeu(r) |
| chômage | unemployment | oeunim(e)ploimeunte |
| chou | cabbage | kabidje |
| chou de Bruxelles | Brussels sprout | broeusseulze spraoute |
| chou-fleur | cauliflower | koliflaoueu(r) |
| chrysanthème | chrysanthemum | krizans(e)meume |
| chuchoter | to whisper | tou ouisspeu(r) |
| ciel | sky | skaï |
| cimetière | cemetery | sémeuteuri |
| cinéma | cinema | sinimeu |
| aller au cinéma | to go to the cinema | tou gôou tou zeu sinimeu |
| cinq | five | faïve |
| le cinq (dans date) | the fifth | zeu fifs |
| cinquante | fifty | fifti |
| circulation | traffic | trafik |
| ciseaux | scissors | sizeuze |
| citron | lemon | lémeune |
| clavier | keyboard | kiibôo(r)de |
| client | customer | koeusteumeu(r) |
| clignotant | indicator | in(e)dikéïteu(r) |
| climat | climate | klaïmite |
| cloche | bell | belle |
| club de golf | golf club | gôoulfe kloeube |
| cochon | pig | pigue |
| cochon d'Inde | guinea pig | guini pigue |
| code postal | postal code | pôousteul kôoude |
| coffre (de voiture) | boot | boute |
| coiffeur | hairdresser, hairdresser's | hèeu(r)dresseu(r) hèeu(r)dresseuze |
| coin | corner | kôo(r)neu(r) |
| colis | parcel | pâa(r)s(e)l |
| collant | tights | taït(e)ss |
| collection | collection | keuleèkch(e)ne |
| faire une collection de | to collect | tou keulèkte |
| faire une collection de timbres | to collect stamps | tou keulèkte stamp(e)ss |
| coller | to stick | tou stike |
| collier | necklace | nèklisse |
| colline | hill | hil |
| collision | collision | keulijeune |
| combien | how much | haou moeutche |
| Combien coûte …? | How much is …? | haou moeutchize |
| commander | to order | tou ôo(r)deu(r) |
| Comment t'appelles-tu? | What's your name? | ouot(e)ss ioueu(r) néïme |
| commissariat de police | police station | peuliisse stéïcheune |
| complet | booked up, fully booked | bouktoeupe, fouli boukte |
| composer le numéro | to make a telephone call, to dial | tou méïke eu télifôoune kôol, tou daïeul |
| comprimé | pill | pil |
| comptoir | counter | kaounteu(r) |
| concierge | caretaker | kèeu(r)téïkeu(r) |
| conduire | to drive | tou draïve |
| cône | cone | kôoune |
| confiture | jam | djame |
| conserves | tinned food | tin(e)de foude |
| consigne | left luggage office | lèfte loeuguidje ofisse |
| content de | pleased with | pliiz(e)de ouize |
| J'ai été content d'avoir de tes nouvelles. | It was lovely to hear from you. | ite ouoze loeuv(e)li tou hieu(r) fromiou |
| continent | continent | kontineunte |
| contre | against | euguéïn(e)ste |
| contrôleur | ticket collector | tikite keulèkteu(r) |
| coq | cock | coque |
| coquillage | shell | chèle |
| corde à linge | washing line | ouochin(e)g laïne |
| corps | body | bodi |
| côte de porc | pork chop | pôo(r)k tchope |
| à côté de | beside | bissaïde |
| le côté | side | saïde |
| le côté droit | right side | raïte saïde |
| le côté gauche | left side | lèfte saïde |
| coton | cotton | kot(e)ne |
| en coton | cotton, made of cotton | kot(e)ne, méïdove kot(e)ne |
| cou | neck | nèk |
| coucher du soleil | sunset | soeun(e)sète |
| coude | elbow | èlbôou |
| coudre | to sew | tou sôou |
| couette | duvet | duvéï |
| faire couler un bain | to run a bath | tou roeune eu bâas |
| couleur | colour | koeuleu(r) |
| cour de récréation | playground | pléïgraounde |
| courageux | brave | brèïve |
| courir | to run | tou roeune |
| courir après | to chase | tou tchéïsse |
| courrier | mail | méïl |
| par retour du courrier | by return of post | baï riteu(r)ne ove pôouste |
| cours | lesson | lèss(e)ne |

|  |  |  |
|---|---|---|
| cours du change | exchange rate | èkstchéïndje réïte |
| courses | races, racing | réïssize, réïssin(e)g |
| courses d'automobiles | motor racing | môouteu(r) réïssin(e)g |
| courses hippiques | horse racing | hôo(r)se réïssin(e)g |
| faire les courses | to go shopping | tou gôou chopin(e)g |
| court | short | chôo(r)te |
| court de tennis | tennis court | tèniss kôo(r)te |
| cousin, ine | cousin | koeuz(e)ne |
| couteau | knife | naïfe |
| coûter | to cost | tou koste |
| Ça coûte... | It costs... | ite kost(e)ss |
| mettre le couvert | to lay the table | tou léï zeu téïb(e)l |
| crabe | crab | crabe |
| craie | chalk | tchôok |
| cravate | tie | taï |
| nager le crawl | to crawl, to do the crawl | tou kraul, tou dou zeu kraul |
| crayon | pencil | pènnsile |
| crayon de couleur | crayon | krèione |
| crème | cream | kriime |
| crème à raser | shaving foam | chéïvin(e)g fôoume |
| crème solaire | suntan lotion | soeun(e)tane lôouch(e)ne |
| creuser | to dig | tou digue |
| crier | to shout | tou chaoute |
| cru | raw | rôo |
| cueillir | to pick | tou pik |
| cueillir des fleurs | to pick flowers | tou pik flaou(r)ze |
| cuillère | spoon | spoune |
| cuisine (endroit) | kitchen | kitch(e)ne |
| faire la cuisine | to cook | tou kouk |
| culotte (de petit garçon) | underpants | oeundeupant(e)ss |
| curé | vicar | vikeu(r) |

# D

|  |  |  |
|---|---|---|
| dans | in, into | ine, in(e)tou |
| danser | to dance | tou dâanse |
| danseur, danseuse de ballet | ballet dancer | baléï dâanseu(r) |
| date | date | déïte |
| de (s'échapper de) | away from (to run away from) | euouéï frome, tou roeuneuouéï frome |
| être debout | to be standing | tou bi standin(e)g |
| décembre | December | dissèmbeu(r) |
| décharger | to unload | tou oeunlôoude |
| déchirer | to tear | tou tèeu(r) |
| décoller | to take off | tou tèïkofe |
| décor | scenery | siineuri |
| décrocher (le téléphone) | to pick up the receiver | tou pikoeupe zeu rissiiveu(r) |
| défense (d'éléphant) | tusk | toeusk |
| déjeuner | lunch | loeuntche |
| petit déjeuner | breakfast | brèkfeuste |
| délicieux | delicious | délicheusse |
| demain | tomorrow | toumorôou |
| demain matin | tomorrow morning | toumorôou môo(r)nin(e)g |
| demain soir | tomorrow evening | toumorôou iiv(e)nin(e)g |
| demander | to ask | tou âask |
| demander son chemin | to ask the way | tou âask zeu ouéï |
| démarrer (voiture) | to start off | tou stâa(r)tofe |
| déménager | to move out | tou mouvaoute |
| un(e) demi(e) | a half | eu hâafe |
| demi-litre | half a litre | hâafeu liteu(r) |
| dix heures et demie | half past ten | hâafe pâaste tène |
| démocratique | democratic | démokratik |
| dent | tooth, pl. teeth | tous, tiis |
| avoir mal aux dents | to have toothache | tou have tooséïke |
| se faire plomber une dent | to have a filling | tou have eu filin(e)g |
| dentifrice | toothpaste | touspéïste |
| dentiste | dentist | dèntiste |
| Départs | Departures | dipâa(r)tieu(r)ze |
| se dépêcher | to hurry up | tou hoeuri oeupe |
| dépenser de l'argent | to spend money | tou spènde moeuni |
| déposer | to put down | tou poute daoune |
| député | member of parliament | mèmbeu(r) ove pâa(r)leumènte |
| dernier | last | lâaste |
| derrière | behind | bihaïnde |
| descendre de (bus ou train) | to get off | tou guètofe |
| descendre l'escalier | to go downstairs | tou gôou daoun(e)stèeu(r)ze |
| désert (le) | desert | dézeute |
| se déshabiller | to get undressed | tou guète oeundrèsste |
| désherber | to weed | tou ouiide |
| Vous désirez? | Can I help you? | kanaï hèlpiou |
| Que désirez-vous? | What would you like? | ouote ououdiou laïke |
| dessert | dessert, pudding | dizeu(r)te, poudin(e)g |
| dessinateur | designer | dizaïneu(r) |
| dessus-de-lit | bedspread | bèdesprède |
| deux | two | tou |
| deuxième | second | sèkeunde |
| le deux (dans date) | the second | zeu sèkeunde |
| deuxième classe | second class | sèkeunde klâasse |
| deuxième étage | second floor | sèkeunde flôo(r) |
| devant | in front of | ine frontove |
| différent | different | difreunte |
| difficile | difficult | difikeulte |
| dimanche | Sunday | soeundi |
| dîner | dinner | dineu(r) |
| dire | to say | tou séï |
| directeur | headmaster | hèdemâasteu(r) |
| directeur de banque | bank manager | bank manadjeu(r) |
| directrice | headmistress | hèdemistrisse |
| disc jockey | disc jockey | disk djokéï |
| disque | record | rékôo(r)de |
| distribuer | to deliver | tou déliveu(r) |
| distributeur automatique | ticket machine | tikite meuchiine |
| diviser | to divide | tou divaïde |
| divisé par (en maths) | divided by | divaïdide baï |
| dix | ten | tène |
| dix heures cinq | five past ten | faïve pâaste tène |
| dix-huit | eighteen | éïtiine |
| dix-neuf | nineteen | naïn(e)tiine |
| dix-sept | seventeen | sèv(e)ntiine |

| dock | docks, quay | dokss, kii |
|---|---|---|
| doigt | finger | fin(e)gueu(r) |
| doigt de pied | toe | tôou |
| Combien je vous dois? | How much do I owe you? | haou moeutche douaï ôouiou |
| donner | to give | tou guive |
| donner à manger | to feed | tou fiide |
| dormir | to sleep | tou sliipe |
| Dormez bien. | Sleep well. | sliipe ouèl |
| dos | back | bak |
| nager sur le dos | to do back-stroke | to dou bak strôouke |
| douane | customs | koeussteum(e)ze |
| douanier | customs officer | koeussteum(e)ze ofisseu(r) |
| doubler | to overtake | tou ôouveutéïke |
| douche | shower | chaoueu(r) |
| prendre une douche | to have a shower | tou have eu chaoueu(r) |
| doux | soft | softe |
| douze | twelve | touèlve |
| drap | sheet | chiite |
| drapeau | flag | flague |
| la droite (en politique) | the right, right wing | zeu raïte, raïte ouin(e)gue |
| à droite | on the right | one zeu raïte |
| le côté droit | right side | raïte saïde |
| drôle | funny | foeuni |
| dur | hard | harde |

# E

| eau | water | ouauteu(r) |
|---|---|---|
| eau chaude | hot water | hote ouauteu(r) |
| eau froide | cold water | kôoulde ouauteu(r) |
| eau minérale | mineral water | mineureul ouauteu(r) |
| s'échapper | to run away | tou roeuneuouéï |
| écharpe | scarf | skâa(r)fe |
| jouer aux échecs | to play chess | tou pléï tchèss |
| échelle | ladder | ladeu(r) |
| éclabousser | to splash | tou splache |
| éclater de rire | to burst out laughing | tou beu(r)staoute lâafin(e)g |
| école maternelle | nursery school | neu(r)seuri skoul |
| école primaire | primary school | praïmeuri skoul |
| écouter | to listen | tou liss(e)ne |
| écouter de la musique | to listen to music | tou liss(e)ne tou miouzik |
| écouter la radio | to listen to the radio | tou liss(e)ne tou zeu réïdiôou |
| écouteurs | headphones | hèdefôoun(e)ze |
| écrire | to write | tou raïte |
| écrire une lettre | to write a letter | tou raïte eu lèteu(r) |
| écureuil | squirrel | skouir(e)l |
| écurie | stable | stéïb(e)l |
| effrayé | frightened | fraït(e)nde |
| église | church | tcheu(r)tche |
| élection | election | ilèkcheune |
| électricité | electricity | ilèktrissiti |
| éléphant | elephant | éleufeunte |
| élève | pupil | pioupil |
| élever | to bring up | tou brin(e)goeupe |
| emballage | wrapping | rapin(e)g |
| embarquer (à bord d'un bateau, d'un avion) | to board | tou bôo(r)de |

| embouteillage | traffic jam | trafik djame |
|---|---|---|
| émission | programme | prôougrame |
| emménager | to move in | tou mouvine |
| emploi du temps (travail ou études) | timetable | taïmetéïb(e)l |
| employé, ée | employee | im(e)ploïii |
| s'endormir | to fall asleep | tou fôol eusliipe |
| enfance | childhood | tchaïld(e)houde |
| enfant | child, children | tchaïlde, tchildreune |
| engager quelqu'un | to employ someone | tou im(e)ploï soeumouane |
| engin spatial | spaceship | spéïssechipe |
| ennuyeux | boring | bôorin(e)g |
| énorme | enormous | inôo(r)meusse |
| enregistrement | check-in | tchèkine |
| être enrhumé | to have a cold | tou have eu kôoulde |
| enseigner | to teach | tou tiitche |
| ensemble | together | teuguèzeu(r) |
| enterrement | funeral | fioun(e)reul |
| entre | between | bitouiine |
| entrée | entrance; (au repas) starter | èntreunse; stâa(r)teu(r) |
| enveloppe | envelope | ènnveulôoupe |
| envoyer | to send | tou sènnde |
| Je t'envoie... séparément. | I am sending... separately. | aïame sènndin(e)g sépreutli |
| envoyer une carte postale | to send a postcard | tou sènde eu pôoust(e)kâa(r)de |
| épaule | shoulder | chôouldeu(r) |
| épicerie | grocery shop | grôousseuri chope |
| épices | spices | spaïssize |
| épinards | spinach | spinidje |
| épingle | pin | pine |
| épouvantail | scarecrow | skèeukrôou |
| Equateur | Equator | ikouéïteu(r) |
| équipage | crew | krou |
| équipe | team | tiime |
| équipement de sport | sports equipment | spôo(r)tss ékouip(e)meunte |
| escalader | to climb | tou klaïme |
| escalier | staircase, stairs | stèeu(r)kéïsse, stèeu(r)ze |
| escalier roulant descendre l'escalier | escalator to go downstairs | èsskeuléïteu(r) tou gôou daoun(e)stèeu(r)ze |
| escarpé | steep | stiipe |
| espace | space | spéïsse |
| Espagne | Spain | spéïne |
| espagnol (langue et sujet) | spanish | spaniche |
| essence | petrol | pétr(e)l |
| essuyer | to dry, to wipe | tou draï, tou ouaïpe |
| s'essuyer | to dry yourself | tou draï ioueu(r)sèlf |
| est | east | iiste |
| C'est... | It's... | it(e)ss |
| estomac | stomach | stoeumeuk |
| et | and | ènnde |
| étable | cowshed | kaouchède |
| étage | floor | flôo(r) |
| premier étage | first floor | feu(r)ste flôo(r) |
| deuxième étage | second floor | sèkeunde flôo(r) |
| étalage | market stall | mâa(r)kite stôol |
| Etats-Unis | United States | iounaïtide stéït(e)ss |
| été | summer | soeumeu(r) |
| éteindre | to switch the light off | tou souitche zeu laïte of |

| | | |
|---|---|---|
| éternuer | to sneeze | *tou sniize* |
| étiquette | label | *léïb(e)l* |
| s'étirer | to stretch | *tou strètche* |
| étoile | star | *stâa(r)* |
| être | to be | *tou bii* |
| étroit | narrow | *narôou* |
| étudiant | student | *stioudeunte* |
| étudier | to study | *tou stoeudi* |
| Europe | Europe | *ioueureupe* |
| s'évanouir | to faint | *tou féïnte* |
| évier | sink | *sin(e)k* |
| examen | exam | *iguezame* |
| passer un examen | to sit an exam | *tou site eune iguezame* |
| rater un examen | to fail an exam | *tou féïl eune iguezame* |
| être reçu à un examen | to pass an exam | *tou pâasse eune iguezame* |
| faire de l'exercice | to exercise | *tou èksseussaïze* |
| exposition | exhibition | *èkssibich(e)ne* |

## F

| | | |
|---|---|---|
| fabriquer | to make, to manufacture | *tou méïke, tou manioufaktieu(r)* |
| en face de | opposite | *opeuzite* |
| fâché | cross, angry | *krosse, angri* |
| facile | easy | *iizi* |
| facteur | postman/ woman | *pôoust(e)meune/ ououmeune* |
| faible | weak | *ouiik* |
| avoir faim | to be hungry | *tou bi hoeungri* |
| faire | to do, to make | *tou dou, tou méïke* |
| faire de | to go | *tou gôou* |
| l'alpinisme | mountaineering | *maountinieurin(e)g* |
| faire un chèque | to write a cheque | *tou raïte eu tchèk* |
| faire de l'exercice | to exercise | *tou èksseussaïze* |
| faire du golf | to play golf | *tou pléï gôoulf* |
| faire le jardinage | to do the gardening | *tou dou zeu gâa(r)denin(e)g* |
| faire du lèche-vitrines | to go window-shopping | *tou gôou ouin(e)dôou chopin(e)g* |
| faire la lessive | to do the washing | *tou dou zeu ouochin(e)g* |
| faire une liste | to make a list | *tou méïke eu liste* |
| faire de la planche à voile | to windsurf | *tou ouin(e)deseu(r)f* |
| faire une promenade | to go for a walk | *tou gôou foreu ouôok* |
| faire du ski nautique | to waterski | *tou ouauteu(r)ski* |
| faire sa toilette | to wash, to have a wash | *tou ouoche, tou have eu ouoche* |
| faire la vaisselle | to wash up | *tou ouochoeupe* |
| Ça fait . . . | That will be/cost . . . | *zate ouil bi/koste famili* |
| famille | family | *famili* |
| farine | flour | *flaoueu(r)* |
| fauteuil | armchair | *âam(e)tchèeu(r)* |
| faux | false | *folse* |
| féliciter | to congratulate | *tou keungratiouléïte* |
| femme | wife, woman | *ouaïfe, ououmeune* |
| fenêtre | window | *ouin(e)dôou* |
| ferme | farm, farmhouse | *fâa(r)me, fâa(r)m(e)haousse* |

| | | |
|---|---|---|
| fermé | shut | *choeute* |
| fermer | to close | *tou klôouze* |
| fermeture Éclair | zip | *zipe* |
| fermier | farmer | *fâa(r)meu(r)* |
| fermière | farmer, farmer's wife | *fâa(r)meu(r), fâa(r)meu(r)ze ouaïfe* |
| fête | party | *pâa(r)ti* |
| feu | fire | *faïeu(r)* |
| feuille | leaf  pl. leaves | *liif* |
| les feux | traffic lights | *trafik laït(e)ss* |
| février | February | *fèbroueuri* |
| se fiancer | to get engaged | *tou guète in(e)guéïdj(e)de* |
| fiche | form | *fôo(r)me* |
| avoir de la fièvre | to have a temperature | *tou have eu tèmpritieu(r)* |
| figure | face | *féïsse* |
| fil | thread | *srède* |
| filet | luggage-rack; (de tennis, de pêche) net | *loeuguidje rak; nète* |
| fille | daughter; girl | *dôoteu(r); gueu(r)l* |
| fille unique | only daughter | *ôounli dôoteu(r)* |
| fils | son | *soeune* |
| fils unique | only son | *ôounli soeune* |
| flaque d'eau | puddle | *poeud(e)l* |
| fleur | flower | *flaoueu(r)* |
| bouquet de fleurs | bunch of flowers | *boeuntche ove flaou(r)ze* |
| fleurs sauvages | wild flowers | *ouaïlde flaou(r)ze* |
| fleuriste | florist | *floriste* |
| flotter | to float | *tou flôoute* |
| flou | out of focus | *aoutove fôoukeusse* |
| foin | hay | *héï* |
| fois (en maths) | times | *taïm(e)ze* |
| foncé (couleur) | dark | *dâa(r)k* |
| fond de teint | foundation cream | *faoundéïcheune kriime* |
| fondre (glace) | to thaw | *tou sôo* |
| jouer au football | to play football | *tou pléï foutbaule* |
| forme | shape | *chéïpe* |
| être en forme | to be fit | *tou bi fite* |
| fort | strong | *strongue* |
| foudre | lightning | *laït(e)nin(e)g* |
| foule | crowd | *kraoude* |
| se fouler le poignet | to sprain your wrist | *tou spréïne ioueu(r) riste* |
| four | oven | *oeuv(e)ne* |
| fourche, fourchette | fork | *fôo(r)k* |
| fourrure | fur | *feu(r)* |
| fraction | fraction | *frakcheune* |
| frais | fresh | *frèche* |
| fraise | strawberry | *straubeuri* |
| framboise | raspberry | *râazebeuri* |
| français (langue et sujet) | French | *frènntche* |
| France | France | *frâanse* |
| frange | fringe | *frin(e)dje* |
| frère | brother | *broeuzeu(r)* |
| frisé | curly | *keu(r)li* |
| froid | cold | *kôoulde* |
| Il fait froid. | It's cold. | *it(e)ss kôoulde* |
| l'eau froide | cold water | *kôoulde ouauteu(r)* |
| fromage | cheese | *tchiize* |

**116**

| | | |
|---|---|---|
| froncer les sourcils | to frown | tou fraoune |
| se frotter les yeux | to rub your eyes | tou roeube ioueu(r) aïze |
| fruit | fruit | froute |
| fruits de mer | seafood | siifoude |
| fumée | smoke | smôouke |

# G

| | | |
|---|---|---|
| gagner | to win | tou ouine |
| galaxie | galaxy | galeuksi |
| galerie | art gallery | âa(r)te galeuri |
| gant de toilette | flannel | flaneul |
| gants | gloves | gloeuv(e)ze |
| garage | garage | garâage |
| garçon | boy; (de café) waiter | boï; ouéïteu(r) |
| gardien | park keeper | pâa(r)k kiipeu(r) |
| gardien de but | goalkeeper | gôoulkiipeu(r) |
| gardien, gardienne de zoo | zoo keeper | zou kiipeu(r) |
| gare | station | stéïcheune |
| garer la voiture | to park | tou pâa(r)k |
| gâteau | cake | kéïke |
| la gauche (en politique) | left wing, the left | lèfte ouin(e)gue, zeu lèfte |
| à gauche | on the left | on zeu lèfte |
| le côté gauche | left, left side | lèfte, lèfte saïde |
| gaz | gas | gasse |
| gel | frost | froste |
| être gelé | to be frozen | tou bi frôouzeune |
| genou | knee | nii |
| être à genoux | to be kneeling | tou bi niilin(e)g |
| gentil | nice | naïsse |
| géographie | geography | djiogreufi |
| géranium | geranium | djiréïnieume |
| gigot d'agneau | leg of lamb | lègue ove lame |
| gilet | cardigan | kâa(r)digueune |
| girafe | giraffe | djirâafe |
| glace | ice-cream; mirror | aïssekriime; mireu(r) |
| glaçon | icicle | aïssikeul |
| glisser | to slip | tou slipe |
| faire du golf | to play golf | tou pléï gôoulf |
| gomme | rubber | roebeu(r) |
| gorille | gorilla | gueurileu |
| goût | flavour, taste | fléïveu(r), téïste |
| goûter | to taste, to try | tou téïste, tou traï |
| goutte de pluie | raindrop | réïn(e)drope |
| gouvernement | government | goeuv(e)n(e)meunte |
| graines | seeds | siid(e)ze |
| grammaire | grammar | grâameu(r) |
| grand | big; (vêtements, taille) large | bigue; lâa(r)dje |
| être grand | to be tall | tou bi tôol |
| Grande-Bretagne | Great Britain | gréïte briteune |
| grande ville | city | siti |
| grand-mère | grandmother | grand(e)moeuzeu(r) |
| grand-père | grandfather | grand(e)fâazeu(r) |
| grange | barn | bâa(r)ne |
| gratte-ciel | skyscraper | skaïskréïpeu(r) |
| grêle | hail | héïl |
| grenier | attic | atik |
| grenouille | frog | frogue |
| griffe | claw | klôo |

| | | |
|---|---|---|
| grimper | to climb | tou klaïme |
| grimper à un arbre | to climb a tree | tou klaïme eu trii |
| gris | grey | gréï |
| grive | thrush | sroeuche |
| gronder | to growl | tou graoul |
| gros | fat | fate |
| gros titre | headline | hèd(e)laïne |
| guêpe | wasp | ouospe |
| guérir | to cure | tou kioueu(r) |
| guichet | box office, ticket office | bokss ofisse, tikite ofisse |
| guitare | guitar | guitâa(r) |
| jouer de la guitare | to play the guitar | tou pléï zeu guitâa(r) |
| gymnastique | gymnastics; PE | djim(e)nastiks; pi-ii |

# H

| | | |
|---|---|---|
| s'habiller | to get dressed | tou guète drèsste |
| habiter | to live | tou live |
| habiter une maison | to live in a house | tou live ineu haousse |
| hameçon (pour pêcher) | hook | houk |
| hamster | hamster | hamsteu(r) |
| haricots | beans | biin(e)ze |
| en haut | up; upstairs | oeupe; oeup(e)stèeu(r)ze |
| hauteur | height | haïte |
| haut-parleur | loudspeaker | laoud(e)spiikeu(r) |
| herbe | grass | grâasse |
| mauvaise herbe | weed | ouiide |
| herbes aromatiques | herbs | heu(r)b(e)ze |
| hérisson | hedgehog | hèdje-hogue |
| héroïne | heroine | hérôouine |
| héros | hero | hieurôou |
| heure | hour | aoueu(r) |
| à l'heure | on time | one taïme |
| arriver à l'heure | to be on time | tou bi one taïme |
| l'heure du déjeuner | lunch hour | loeuntche aoueu(r) |
| l'heure d'aller se coucher | bedtime | bèd(e)taïme |
| les heures de levée (poste) | collection times | keulèkcheune taïm(e)ze |
| les heures supplémentaires | overtime | ôouveutaïme |
| Quelle heure est-il? | What time is it? | ouote taïmizite |
| Il est une heure. | It's one o'clock. | it(e)ss ouane oklok |
| Il est trois heures. | It's three o'clock. | it(e)ss srii oklok |
| A tout à l'heure. | See you later. | siiiou léïteu(r) |
| heureux | happy | hapi |
| être heureux | to be happy | tou bi hapi |
| hibou | owl | aoul |
| hier | yesterday | ièssteudéï |
| hier matin | yesterday morning | ièssteudéï môo(r)nin(e)g |
| hier soir | yesterday evening | ièssteudéï iiv(e)nin(e)g |
| hippopotame | hippopotamus | hipeupoteumeusse |
| histoire | (d'un pays) history; (racontée) story | hist(e)ri; stôori |
| hiver | winter | ouin(e)teu(r) |
| homme | man, pl. men | mane, mène |
| hôpital | hospital | hosspiteul |
| horaire (transports) | timetable | taïm(e)téïb(e)l |

| hors-bord | powerboat | paoueu(r)bôoute |
|---|---|---|
| hors de | out of | aoutove |
| hôtel | hotel | hôoutèl |
| rester à l'hôtel | to stay in a hotel | tou stéï ineu hôoutèl |
| hôtel de ville | town hall | taoune hôol |
| hôtesse de l'air | air hostess | èeu(r) hôousstisse |
| hublot | porthole | pôot(e)hôoule |
| huile | oil | oïle |
| huit | eight | éïte |
| huit heures du matin | 8 in the morning, 8 a.m. | éïte ine zeu môo(r)nin(e)g, éïte éï-ème |
| huit heures du soir | 8 in the evening, 8 p.m. | éïte ine zi iiv(e)nin(e)g, éïte pii-ème |

## I

| idiot | silly | sili |
|---|---|---|
| immeuble | block of flats | blok ove flat(e)ss |
| imperméable | raincoat | réïn(e)kôoute |
| impoli | rude | roude |
| important | important | im(e)pôo(r)teunte |
| impôts | taxes | taksize |
| in (en sport) | in | ine |
| incendie | fire | faïeu(r) |
| Inde | India | in(e)dieu |
| indicatif (de téléphone) | area code | èeurieu kôoude |
| infirmier | nurse, male nurse | neu(r)se, méïle neu(r)se |
| infirmière | nurse | neu(r)se |
| informations (à la télévision) | news | niouze |
| informatique | computer studies | keumpiouteu(r) stoeudize |
| ingrédients | ingredients | in(e)griidieunt(e)ss |
| inondation | flood | floeude |
| s'inscrire à | to join | tou djoïne |
| instrument | instrument | in(e)stroumeunte |
| sens interdit | no entry | nôou ènntri |
| stationnement interdit | no parking | nôou pâa(r)kin(e)g |
| intéressant | interesting | in(e)trèsstin(e)g |
| interviewer | to interview | tou in(e)teu(r)viou |
| invité | guest | guèsste |
| inviter | to invite | tou in(e)vaïte |
| Italie | Italy | iteuli |

## J

| jambe | leg | lègue |
|---|---|---|
| jambon | ham | hame |
| janvier | January | djanoueuri |
| Japon | Japan | djeupane |
| jardin | garden | gâa(r)d(e)ne |
| jardin potager | vegetable patch | vèdjiteub(e)l patche |
| jardin public | park | pâa(r)k |

| faire le jardinage | to do the gardening | tou dou zeu gâa(r)d(e)nin(e)g |
|---|---|---|
| jardinier | gardener | gâa(r)d(e)neu(r) |
| jaune | yellow | ièllôou |
| Je vous prie de croire, Monsieur/ Madame, à mes sentiments les meilleurs. | Yours faithfully | iou(r)ze féïsfouli |
| jean | jeans | djiin(e)ze |
| jeu | game | guéïme |
| jeu de société | board game | bôo(r)de guéïme |
| jeudi | Thursday | seu(r)zedi |
| jeune | young | ioeungue |
| plus jeune que | younger than | ioeungueu(r) zane |
| faire du jogging | to jog | tou djogue |
| joli | pretty | préti |
| jonquille | daffodil | dafeudil |
| joue | cheek | tchiik |
| jouer (jeu et d'un instrument) | to play | tou pléï |
| jouer aux cartes | to play cards | tou pléï kâa(r)d(e)ze |
| jouer aux dames | to play draughts | tou pléï drâaft(e)ss |
| jouer aux échecs | to play chess | tou pléï tchèsse |
| jouer au football | to play football | tou pléï fout(e)baule |
| jouer au squash | to play squash | tou pléï skouoche |
| jouer du tambour | to play the drums | tou pléï zeu droeum(e)ze |
| jouer au tennis | to play tennis | tou pléï tènnis |
| jouet | toy | toï |
| joueur, euse | player | pléïeu(r) |
| joueur (adj.) | playful | pléïfoule |
| jour | day, daytime, in the daytime | déï, déïtaïme, ine zeu déïtaïme |
| Il fait jour. | It is light. | itize laïte |
| Il commence à faire jour. | It is getting light. | itize guètin(e)g laïte |
| de nos jours | now, nowadays | naou, naoueudéïze |
| jour de l'An | New Year's Day | niou ieu(r)ze déï |
| journal | newspaper | niouzepéïpeu(r) |
| journal illustré | comic | komik |
| journaliste | journalist | djeu(r)neuliste |
| juge | judge | djoeudje |
| juillet | July | djoulaï |
| juin | June | djoune |
| jumeau | twin brother | touine broeuzeu(r) |
| jumeaux | twins, twin brothers | touin(e)ze, touine broeuzeuze |
| jumelle | twin sister | touine sisteu(r) |
| jungle | jungle | djoeungueul |
| jupe | skirt | skeu(r)te |
| jupon | petticoat, slip | pétikôoute, slipe |
| jus | juice | djousse |
| jus de fruit | fruit juice | froute djousse |

## K

| kangourou | kangaroo | kangueurou |
|---|---|---|
| kilo | kilo | kilôou |
| un kilo de . . . | a kilo of . . . | eu kilôou ove |
| kiosque | newspaper stand | niouzepéïpeu(r) stande |
| klaxon | horn | hôo(r)ne |

| | | |
|---|---|---|
| loin | far | fâa(r) |
| loin de | far away from | fâa(r) euouéï frome |
| Est ce que . . . est loin d'ici? | It is far to . . .? | izite fâa(r) tou |
| long | long | longue |
| longueur | length | lènngues |
| lourd | heavy | hèvi |
| peser lourd | to be heavy | tou bi hèvi |
| luge | sledge | slèdje |
| lumière | light | laïte |
| lundi | Monday | moeundi |
| lundi prochain | next Monday | nèkste moeundi |
| lune | moon | moune |
| lunettes | glasses | glâassize |
| lunettes de soleil | sunglasses | soeun(e)glâassize |
| porter des lunettes | to wear glasses | tou ouèeur(r) glâassize |
| lycée | secondary school | sèkeundri skoul |
| au lycée | at secondary school | ate sèkeundri skoul |

# L

| | | |
|---|---|---|
| labourer | to plough | tou plaou |
| lac | lake | léïke |
| laine | wool | ououl |
| en laine | woollen | ououleune |
| laisser tomber | to drop | tou drope |
| lait | milk | milk |
| lampe | lamp | lampe |
| lampe de chevet | bedside lamp | bèd(e)saide lampe |
| lancer | to throw | tou srôou |
| langue | tongue | toeungue |
| lapin | rabbit | rabite |
| large | broad; (pas serré) loose | brôode; lousse |
| largeur | width | ouid(e)s |
| se laver les cheveux | to wash your hair | tou ouoche ioueu(r) hèeu(r) |
| se laver les dents | to clean your teeth | tou kliine ioueu(r) tiis |
| faire du lèche-vitrines | to go window-shopping | tou gôou ouin(e)dôou chopin(e)g |
| léger (poids) | light | laïte |
| légumes | vegetables | vèdjiteub(e)lze |
| lendemain | the next day | zeu nèkste déï |
| lent | slow | slôou |
| lessive | washing | ouochin(e)g |
| faire la lessive | to do the washing | tou dou zeu ouochin(e)g |
| lettre | letter | lèteu(r) |
| lettre de l'alphabet | letter of the alphabet | lèteu(r) ove zii alfeubite |
| écrire une lettre | to write a letter | tou raïte eu lèteu(r) |
| ouvrir une lettre | to open a letter | tou ôoupeune eu lèteu(r) |
| se lever | to get up, to stand up | tou guètoeupe, tou standoeupe |
| le lever du soleil | sunrise | soeun(e)raïze |
| lèvre | lip | lipe |
| libellule | dragonfly | dragueune flaï |
| librairie | bookshop | boukchope |
| librairie-papeterie | bookshop and stationer's | boukchope èende stéïcheuneuze |
| lion | lion | laïeune |
| lire | to read | tou riide |
| lire une histoire | to read a story | tou riide eu stôori |
| lire un livre | to read a book | tou riide eu bouk |
| liste | list | liste |
| faire une liste | to make a list | tou méïke eu liste |
| lit | bed | bède |
| lit d'enfant | cot | kote |
| aller au lit | to go to bed | tou gôou tou bède |
| litre | litre | liteu(r) |
| demi-litre | half a litre | hâafeu liteu(r) |
| livre | book | bouk |
| livre illustré | picture book | piktcheu(r) bouk |
| livre de poche | paperback | péïpeu(r)bak |
| une livre de . . . | half a kilo of . . . | hâafeu kilôou ove |
| locataire | tenant | téneunte |
| locomotive | engine | ènndjine |

# M

| | | |
|---|---|---|
| machine à calculer | calculator | kalkiouléïteu(r) |
| machine à laver | washing machine | ouochin(e)g meuchiine |
| magasin hors-taxe | duty-free shop | diouti frii chope |
| grand magasin | department store | dipâa(r)t(e)meunte stôo(r) |
| magasin | shop | chop(e) |
| magazine | magazine | magueuziine |
| magnétophone | cassette recorder | keussette rikôo(r)deu(r) |
| magnétoscope | video | vidéôou |
| mai | May | méï |
| maigre | thin | sine |
| main | hand | hande |
| serrer la main à | to shake hands with | tou chéïke hand(e)ze ouize |
| maison | house | haousse |
| maître-nageur | lifeguard | laïfegâa(r)de |
| majuscule | capital letter | kapiteul lèteu(r) |
| malade | ill | il |
| se sentir malade | to feel ill | tou fiil il |
| se sentir mieux | to feel better | tou fiil bèteu(r) |
| malheureux | unhappy | oeun(e)hapi |
| manège | roundabout | raoundeubaoute |
| manger | to eat | tou iite |
| avoir bien mangé | to have eaten well | tou have iiteune ouèl |
| donner à manger | to feed | tou fiide |
| mannequin | model | mod(e)l |
| manquer le train | to miss the train | tou misse zeu tréïne |
| manteau | coat | kôoute |
| se maquiller | to put on make-up | tou poutone méïkoeupe |
| marchand | shopkeeper | chop(e)kiipeu(r) |
| marchand de disques | record shop | rékôo(r)de chope |
| marché | market | mâa(r)kite |
| place du marché | market place | mâa(r)kite pléïsse |
| C'est bon marché. | It's good value. | it(e)ss goude valiou |
| faire le marché | to shop at the market | tou chope ate zeu mâa(r)kite |
| marcher | to walk | tou ouôok |

| | | |
|---|---|---|
| marcher pieds nus | to walk barefoot | tou ouôok bèeu(r)foute |
| mardi | Tuesday | tiouzedi |
| le mardi 2 juin | Tuesday the second of June | tiouzedi zeu sèkeunde ove djoune |
| margarine | margarine | mâadjeuriine |
| mari | husband | hoeuzebeunde |
| mariage | marriage | maridje |
| marié | bridegroom | braïdegroume |
| mariée | bride | braïde |
| se marier | to get married | tou guète maride |
| marin | sailor | séïleu(r) |
| mars | March | mâa(r)tche |
| marteau | hammer | hameu(r) |
| mascara | mascara | maskâareu |
| à la maternelle | at nursery school | ate neu(r)seuri skoul |
| maths | maths | masss |
| matière | subject | soeub(e)djèkte |
| matin | morning, in the morning | môo(r)nin(e)g, ine zeu môo(r)nin(e)g |
| ce matin | this morning | zisse môo(r)nin(e)g |
| huit heures du matin | 8 in the morning, 8 a.m. | éïte ine zeu môo(r)nin(e)g, éïte éï-ème |
| mécanicien | mechanic | mikanik |
| méchant | naughty | nôoti |
| médecin | doctor | dokteu(r) |
| médias | media | miidieu |
| mélanger | to mix | tou mikss |
| melon | melon | mèleune |
| membre | member | mèmbeu(r) |
| être membre de | to belong to | tou bilongue tou |
| menton | chin | tchine |
| menuiserie | woodwork | ououdoueu(r)k |
| mer | sea | sii |
| avoir le mal de mer | to be seasick | tou bi siissik |
| au bord de la mer | at the seaside | ate zeu siissaïde |
| fruits de mer | seafood | siifoude |
| mercerie | needlecraft shop | niid(e)lkrâafte chope |
| Merci (beaucoup) | Thank you (very much) | Sankiou (vèri moeuch) |
| mercredi | Wednesday | ouèn(e)zedi |
| mère | mother | moeuzeu(r) |
| merle | blackbird | blakbeu(r)de |
| Message urgent stop appelle maison | Urgent message stop phone home | eu(r)djeunte méssidje stope fôoune hôoume |
| mesurer | to measure | tou mèjeu(r) |
| métal | metal | mét(e)l |
| en métal | made of metal | méïdove mét(e)l |
| météo | weather forecast | ouèzeu(r) fôokâaste |
| métier | job, profession | djobe, preufècheune |
| mètre | metre | miiteu(r) |
| métro | underground | oeundeugraounde |
| station de métro | underground station | oeundeugraounde stéïcheune |
| mettre | to put | tou poute |
| mettre le couvert | to lay the table | tou léï zeu téïb(e)l |
| mettre de l'argent en banque | to put money in the bank | tou poute moeuni ine zeu bank |
| meule de foin | haystack | héïstak |
| miauler | to mew | tou miou |
| midi | midday | mid(e)déï |
| miel | honey | hoeuni |
| mieux | better | bèteu(r) |
| se sentir mieux | to feel better | tou fiil bèteu(r) |
| mignon | sweet, charming | souiite, tchâa(r)min(e)g |
| mille | a thousand | eu saouzeunde |
| un million | a million | eu millieune |
| mince | slim | slime |
| eau minérale | mineral water | mineureul ouauteu(r) |
| premier ministre | prime minister | praïme ministeu(r) |
| minuit | midnight | mid(e)naïte |
| minuscule | tiny | taïni |
| minute | minute | minite |
| mobylette | moped | môoupède |
| à la mode | fashionable | fach(e)neub(e)l |
| moineau | sparrow | sparôou |
| moins (en maths) | minus | maïneusse |
| mois | month | mons |
| faire la moisson | to harvest | tou hâa(r)viste |
| monde | world | oueu(r)lde |
| moniteur, trice | ski instructor | ski in(e)stroeukteu(r) |
| monnaie | change | tchéïndje |
| Avez-vous de la petite monnaie? | Have you any small change? | hàviou éni smôol tchéïndje |
| Monsieur/Madame | Dear Sir/ Madam | dieu(r) seu(r)/madame |
| montagne | mountain | maountine |
| monter dans | to get on | tou guètone |
| monter l'escalier | to go upstairs | tou gôou oeup(e)stèeu(r)ze |
| montre | watch | ouotche |
| moquette | fitted carpet | fitide kâa(r)pite |
| mort | death | dès |
| mot | word | oueu(r)de |
| moto | motorbike | môouteubaïke |
| mouche | fly | flaï |
| mouette | seagull | siigoeul |
| mourir | to die | tou daï |
| moustache | moustache | meustâache |
| porter la moustache | to have a moustache | tou have eu meustâache |
| moustique | mosquito | meuskiitôou |
| moutarde | mustard | moeusteude |
| mouton | sheep | chiipe |
| moyen (vêtements, taille) | medium | miidieume |
| multiplier | to multiply | tou moeultiplaï |
| mûr | ripe | raïpe |
| mur | wall | ouôol |
| musicien, ienne | musician | miouzicheune |
| musique | music | miouzik |
| musique classique | classical music | klassik(e)l miouzik |
| musique pop | pop music | pope miouzik |
| myosotis | forget-me-not | feuguète mi note |

# N

| | | |
|---|---|---|
| nager | to swim | tou souime |
| nager la brasse | to do breast-stroke | tou dou brèste strôouke |
| nager sur le dos | to do back-stroke | tou dou bak strôouke |
| naissance | birth | beu(r)s |
| naître | to be born | tou bi bôo(r)ne |

| | | |
|---|---|---|
| nappe | tablecloth | téib(e)lklos |
| nattes | plaits | plat(e)ss |
| avoir des nattes | to have plaits | tou have plat(e)ss |
| navire | ship | chipe |
| négligent | careless | kèeu(r)lisse |
| neige | snow | snôou |
| Il neige. | It's snowing. | it(e)ss snôouin(e)g |
| neuf | new; (chiffre) nine | niou; naïne |
| neveu | nephew | nèviou |
| nez | nose | nôouze |
| niche | kennel | kèn(e)l |
| nid | nest | nèste |
| nièce | niece | niisse |
| noces | wedding | ouèdin(e)g |
| Noël | Christmas | krismeusse |
| chant de Noël | Christmas carol | krismeusse kar(e)l |
| jour de Noël | Christmas Day | krismeusse déï |
| Joyeux Noël | Happy Christmas | hapi krismeusse |
| sapin de Noël | Christmas tree | krismeusse trii |
| veille de Noël | Christmas Eve | krismeusse iive |
| noir | black | blak |
| nom | name | néïme |
| nom de famille | surname | seu(r)néïme |
| non | no | nôou |
| Non-fumeurs | No smoking | nôou smôoukin(e)g |
| nord | north | nôo(r)s |
| Pôle Nord | North Pole | nôo(r)s pôoule |
| nouilles | noodles | noud(e)lze |
| Nouvelle-Zélande | New Zealand | niou ziileunde |
| novembre | November | novèmbeu(r) |
| nu | naked | néïkide |
| nuage | cloud | klaoude |
| nuit | night | naïte |
| Il fait nuit. | It is dark. | itize dâa(r)k |
| La nuit tombe. | It is getting dark. | itize guètin(e)g dâa(r)k |
| numéro de téléphone | telephone number | télifôoune noeumbeu(r) |
| composer le numéro | to make a telephone call, to dial | tou méïke eu télifôoune kôol, tou daïeul |

## O

| | | |
|---|---|---|
| obéissant | obedient | obiidieunte |
| occupé | busy | bizi |
| octobre | October | oktôoubeu(r) |
| oeil | eye | aï |
| oeuf | egg | ègue |
| offrir | to give | tou guive |
| oie | goose, pl. geese | gousse, guiisse |
| oignon | onion | oeunieune |
| oiseau | bird | beu(r)de |
| ombre | shade | chéïde |
| oncle | uncle | oeunk(e)l |
| onze | eleven | ilèv(e)ne |
| opéra | opera | opreu |
| opération | operation | opeuréïcheune |
| salle d'opération | operating theatre | opeuréïtin(e)g sieuteu(r) |
| or | gold | gôoulde |
| en or | made of gold | méïdove gôoulde |
| orage | thunder storm | soeundeu(r) stôo(r)me |

| | | |
|---|---|---|
| orange (couleur et fruit) | orange | orin(e)dje |
| orchestre | orchestra | ôo(r)kistreu |
| ordinateur | computer | keumpiouteu(r) |
| ordonnance | prescription | prisskrip(e)cheune |
| oreille | ear | iieu(r) |
| oreiller | pillow | pilôou |
| orthographe | spelling | spèlin(e)g |
| ouest | west | ouèste |
| oui | yes | ièsse |
| ours blanc | polar bear | pôouleu(r) bèeu(r) |
| out (en sport) | out | aoute |
| ouvert | open | ôoup(e)ne |
| ouvreuse | usherette | oeucheurette |
| ouvrier, ère | builder, labourer, worker | bildeu(r), léïbeureu(r), oueu(r)keu(r) |
| ouvrir | to open | tou ôoup(e)ne |
| ouvrir une lettre | to open a letter | tou ôoup(e)ne eu lèteu(r) |

## P

| | | |
|---|---|---|
| Pacifique | Pacific Ocean | peussifik ôoucheune |
| paillasson | doormat | dôo(r)mate |
| pain | bread | brède |
| petit pain | roll | rôoule |
| paisible | peaceful | piissefoule |
| pâle | pale | péïle |
| panier | basket | bâaskite |
| panne (de véhicule) | breakdown | bréïkdaoune |
| tomber en panne | to have a breakdown | tou have eu bréïkdaoune |
| pantalon | trousers | traouzeuze |
| pantoufles | slippers | slipeuze |
| papier | paper | péïpeu(r) |
| papier à lettres | writing paper | raïtin(e)g péïpeu(r) |
| papillon | butterfly | boeuteuflaï |
| paquebot | liner | laïneu(r) |
| pâquerette | daisy | déïzi |
| Pâques | Easter | iissteu(r) |
| paquet | packet | pakite |
| parapluie | umbrella | oeumbrèleu |
| parasol | sunshade | soeun(e)chéïde |
| parc | park | pâa(r)k |
| par-dessus | over | ôouveu(r) |
| pare-brise | windscreen | ouin(e)dskriine |
| pareil | same | séïme |
| parents | parents | pèeureunt(e)ss |
| être parent de | to be related to | tou bi riléïtide tou |
| paresseux | lazy | léïzi |
| parfum | perfume | peu(r)fioume |
| parfumé | sweet-smelling | souiite smèlin(e)g |
| parking | car-park | kâa(r) pâa(r)k |
| parlement | parliament | pâa(r)leumènte |
| parmi | among | eumoeungue |
| parterre de fleurs | flowerbed | flaoueu(r)bède |
| parti (politique) | party | pâa(r)ti |
| passage clouté | pedestrian crossing | pidèstrieune krossin(e)g |
| passage souterrain | subway | soeubouéï |
| passager | passenger | passeundjeu(r) |
| passé | past | pâaste |
| passeport | passport | pâasspôo(r)te |
| passer l'aspirateur | to vacuum | tou vakioueume |

121

|  |  |  |
|---|---|---|
| passer un examen | to sit an exam | tou site eune èguezame |
| passerelle | gangway | ganguouéï |
| pâté | paté | patéï |
| pâtes | pasta | pasteu |
| pâtisserie | (endroit) cake shop; (gâteau) pastry | kéïke chope; péïstri |
| patron | boss; (modèle) pattern | bosse; pateune |
| patte | paw | pôo |
| pays | country | koeuntri |
| paysage | landscape | land(e)skéïpe |
| Pays-Bas | Netherlands | nézeuleund(e)ze |
| peau | skin | skine |
| pêche (fruit) | peach | piitche |
| aller à la pêche | to go fishing | tou gôou fichin(e)g |
| peigne | comb | kôoume |
| se peigner les cheveux | to comb your hair | tou kôoume ioueu(r) hèeu(r) |
| peignoir | dressing gown | drèssin(e)g gaoune |
| peignoir de bain | bathrobe | bâasrôoube |
| peindre | to paint | tou péïnte |
| peinture | paint | péïnte |
| pelle (d'enfant), bêche | spade | spéïde |
| pellicule | film | filme |
| pelouse | lawn | lôone |
| tondre la pelouse | to mow the lawn | tou môou zeu lôone |
| pendule | clock | klok |
| Je pense bien à toi. | Thinking of you. | sin(e)kin(e)g oviou |
| pension | boarding house, guest house | bôo(r)din(e)g haousse, guèste haousse |
| pente | slope | slôoupe |
| se percher | to perch | tou peu(r)tche |
| perdre | to lose | tou louze |
| père | father | fâazeu(r) |
| perruche | budgie | boeudji |
| peser | to weigh | tou ouéï |
| se peser | to weigh yourself | tou ouéï ioueu(r)sèlfe |
| peser peu/lourd | to be light/heavy | tou bi laïte/hévi |
| petit (stature et taille de vêtement) | small | smôol |
| être petit | to be short | tou bi chôo(r)te |
| petite-fille | granddaughter | grand(e)dôoteu(r) |
| petit-fils | grandson | grand(e)soeune |
| petit pois | pea | pii |
| phare (de voiture) | headlight | hèd(e)laïte |
| photo | photo, photograph | fôoutôou, fôouteugrâafe |
| prendre une photo | to take a photograph | tou téïke eu fôouteugrâafe |
| photographe | photographer | feutogreufeu(r) |
| photographie | photography | feutogreufi |
| phrase | sentence | sènnteunse |
| physique | physics | fizikss |
| piano | piano | pianôou |
| jouer du piano | to play the piano | tou pléï zeu pianôou |
| pièce de monnaie | coin | koïne |
| pièce de théâtre | play | pléï |
| pied | foot, pl. feet | foute, fiite |
| aller à pied | to walk, to go on foot | tou ouôok, tou gôou one foute |
| taper du pied | to tap your feet | tou tape ioueu(r) fiite |
| pieds nus | barefoot | bèeu(r)foute |
| marcher pieds nus | to walk barefoot | tou ouôok bèeu(r)foute |
| piéton | pedestrian | pidèstrieune |
| pigeon | pigeon | pid(e)jine |
| pilote | pilot | païleute |
| pince à linge | clothes peg | klôouzze pègue |
| pinceau | brush | broeuche |
| pingouin | penguin | pèngouine |
| pique-nique | picnic | piknik |
| piquer | to sting | tou stin(e)gue |
| piqûre | injection | in(e)djèkcheune |
| piscine | swimming pool | souimin(e)g poule |
| piste | (d'avion) runway; (en montagne) ski slope, ski run | roeunouéï, ski slôoupe, ski roeune |
| piste de danse | dance floor | dâanse flôo(r) |
| placard | cupboard | koeubeude |
| place | square; seat | skouèeu(r); siite |
| la place réservée | reserved seat | rizeu(r)vede siite |
| plage | beach | biitche |
| planète | planet | planite |
| planter | to plant | tou plâante |
| plaque d'immatriculation | number plate | noeumbeu(r) pléïte |
| plastique | plastic | plastik |
| en plastique | made of plastic | méïdove plastik |
| plat principal | main course | méïne kôo(r)se |
| plateau | tray | tréï |
| plein | full | foule |
| plein d'entrain | lively | laïv(e)li |
| faire le plein | to fill up with petrol | tou fileupe ouize pétr(e)l |
| pleurer | to cry | tou kraï |
| Il pleut. | It's raining. | it(e)ss réïnin(e)g |
| pleuvoir | to rain | tou réïne |
| se faire plomber une dent | to have a filling | tou haveu filin(e)g |
| plombier | plumber | ploeumeu(r) |
| plongeoir | diving board | daïvin(e)g bôo(r)de |
| plonger | to dive | tou daïve |
| pluie | rain | reine |
| plume | feather | fèzeu(r) |
| plus (en maths) | plus | ploeusse |
| plus âgé que | older than | ôouldeu(r) zane |
| pneu | tyre | taïeu(r) |
| pneu crevé | flat tyre | flate taïeu(r) |
| avoir un pneu crevé | to have a flat tyre | tou have eu flate taïeu(r) |
| poche | pocket | pokite |
| livre de poche | paperback | péïpeu(r)bak |
| poésie | poetry | pôouitri |
| poids | weight | ouéïte |
| poignet | wrist | riste |
| se fouler le poignet | to sprain your wrist | tou spréïne ioueu(r) riste |
| point | full stop | foule stope |
| au point | in focus | ine fôoukeusse |
| poire | pear | pèeu(r) |
| à pois | spotted | spotide |
| poisson | fish | fiche |
| poisson rouge | gold fish | gôoulde fiche |
| poissonnerie | fishmonger | fichemoeungueu(r) |
| poitrine | chest | tchèste |
| poivre | pepper | pèpeu(r) |
| Pôle Nord | North Pole | nôo(r)s pôoule |

122

|  |  |  |
|---|---|---|
| Pôle Sud | South Pole | saous pôoule |
| poli | polite | peulaïte |
| police | police | peuliisse |
| politique | politics | politikss |
| pomme | apple | apeul |
| pomme de terre | potato | peutéïtôou |
| pommier | apple tree | apeul trii |
| pompe à incendie | fire engine | faïeu(r) ènd(e)jine |
| pompier | fireman | faïeumeune |
| pondre des oeufs | to lay eggs | tou léï ègueze |
| pont | bridge; deck | bridje; dèke |
| populaire | popular | popiouleu(r) |
| port | port | pôo(r)te |
| porte | door | dôor |
| porte d'entrée | front door | fronte dôo(r) |
| portefeuille | wallet | ouolite |
| porte-monnaie | purse | peu(r)se |
| porter | to carry; (des vêtements) to wear | tou kari; tou ouèeu(r) |
| porter des lunettes | to wear glasses | tou ouèeu(r) glâassize |
| porteur | porter | pôo(r)teu(r) |
| poser une question | to ask a question | tou âaskeu kouèstieune |
| poste | post | pôouste |
| mettre à la poste | to post | tou pôouste |
| pot | jug | djoeugue |
| potage | soup | soupe |
| poteau indicateur | signpost | saïnepôouste |
| poubelle | bine | bine |
| pouce | thumb | soeume |
| poulailler | henhouse | hénhaousse |
| poule | hen | hène |
| poulet | chicken | tchikeune |
| pourboire | tip | tipe |
| pousser | to push | tou pouche |
| poussette | push-chair | pouche tchèeu(r) |
| prairie | meadow | mèdôou |
| le premier | the first | zeu feu(r)ste |
| première classe | first class | feu(r)ste klâasse |
| premier étage | first floor | feu(r)ste flôo(r) |
| premier ministre | prime minister | praime ministeu(r) |
| prendre | to take | tou téïke |
| prendre l'autobus | to take the bus | tou téïke zeu boeuss |
| prendre une photo | to take a photograph | tou téïke eu fôouteugrâafe |
| prendre le pouls | to take someone's pulse | tou téïke soeumouan(e)sse poeulse |
| prendre la température | to take someone's temperature | tou téïke soeumouan(e)sse tèmpritieu(r) |
| prendre le train | to catch the train | tou katche zeu tréïne |
| prénom | first name | feu(r)ste néïme |
| près de | near | nieu(r) |
| présent (maintenant) | present | prézeunte |
| présenter | to introduce | tou in(e)trodiousse |
| président | president | prézideunte |
| printemps | spring | sprin(e)gue |
| prise | plug | ploeugue |
| prix | price | praïsse |
| prix de la course | fare | fèeu(r) |
| prochain | next | nèkste |
| produits congelés | frozen food | frôouzene foude |
| professeur | teacher | tiitcheu(r) |
| profond | deep | diipe |
| peu profond | shallow | chalôou |
| projecteur | spotlight | spot(e)laïte |
| promenade | walk | ouôok |
| faire une promenade | to go for a walk | tou gôou foreu ouôok |
| promener le chien | to walk the dog | tou ouôok zeu dogue |
| propre | clean | kliine |
| le propriétaire | landlord | land(e)lôo(r)de |
| la propriétaire | landlady | land(e)léïdi |
| prune | plum | ploeume |
| pull-over | jumper | djoeumpeu(r) |
| pyjama | pyjamas | pidjâameuze |

## Q

|  |  |  |
|---|---|---|
| quai (gare) | platform | plat(e)fôo(r)me |
| ticket de quai | platform ticket | plat(e)fôo(r)me tikite |
| quarante | forty | fôo(r)ti |
| quart | quarter | kouôo(r)teu(r) |
| dix heures et quart | a quarter past ten | eu kouôo(r)teu(r) pâaste tène |
| dix heures moins le quart | a quarter to ten | eu kouôo(r)teu(r) tou tène |
| quartier | district | distrikte |
| quatorze | fourteen | fôo(r)tiine |
| quatre | four | fôo(r) |
| le quatre (dans date) | the fourth | zeu fôo(r)s |
| quatre-vingts | eighty | éïti |
| quatre-vingt-dix | ninety | naïneti |
| quelqu'un | someone | soeumouane |
| question | question | kouèstieune |
| poser une question | to ask a question | tou âaskeu kouèstieune |
| queue | tail | téïl |
| remuer la queue | to wag its tail | tou ouague it(e)ss téïl |
| faire la queue | to queue | tou kiou |
| quinze | fifteen | fif(e)tiine |

## R

|  |  |  |
|---|---|---|
| raccommoder | to mend | tou mènde |
| raccrocher (le téléphone) | to hang up | tou hangoeupe |
| radiateur | radiator | réïdiéïteu(r) |
| radio | radio | réïdiôou |
| raides (cheveux) | straight | stréïte |
| cheveux raides | straight hair | stréïte hèeu(r) |
| raisin | grape | gréïpe |
| ralentir | to slow down | tou slôou daoune |
| ramasser | to pick up | tou pikoeupe |
| rame | oar | ôo(r) |
| ramer | to row | tou rôou |
| canot à rames | rowing-boat | rôouin(e)g bôoute |
| ranger ses affaires | to tidy up | tou taïdi oeupe |
| rapide | fast | fâaste |

|  |  |  |
|---|---|---|
| rapide (le) | inter-city train | in(e)teussiti tréïne |
| Je te rappellerai. | I'll call you back. | aïl kóoliou bak |
| raquette | racket | rakite |
| se raser | to shave | tou chéïve |
| rasoir | razor | réizeu(r) |
| rasoir électrique | electric shaver | ilèktrik chéïveu(r) |
| râteau | rake | réïke |
| rater un examen | to fail an exam | tou féïl eune èguezame |
| rayon (dans magasin) | department | dipâat(e)meunte |
| à rayures | striped | straïp(e)te |
| récepteur | receiver | rissiiveu(r) |
| réception | reception | rissèp(e)cheune |
| recette | recipe | réssipi |
| recevoir | to receive | tou rissiive |
| réchaud | stove | stóouve |
| récréation (à l'école) | break | bréïke |
| rectangle | rectangle | rektangueul |
| reçu (le) | receipt | rissite |
| être reçu à un examen | to pass an exam | tou pâasse eune èguezame |
| réfrigérateur | fridge | fridje |
| regarder | to look at | tou loukate |
| règle | ruler | rouleu(r) |
| remercier | to thank | tou sank |
| Je vous remercie de votre lettre du ... | Thank you for your letter of ... | sankiou fo(r) ioueu(r) lèteu(r) ove ... |
| remplir | to fill | tou file |
| remuer la queue | to wag its tail | tou ouague it(e)ss téïl |
| renard | fox | foks |
| rencontrer | to meet | tou miite |
| rentrée | beginning of term | beuginnin(e)g euve teurme |
| renverser | to knock over | tou nok ôouveu(r) |
| renvoyer quelqu'un | to fire someone | tou faïeu(r) soeumouane |
| réparer | to mend | tou mènde |
| repasser | to iron | tou aïeune |
| répondre | to answer | tou âan(e)seu(r) |
| répondre au téléphone | to answer the telephone | tou âan(e)seu(r) zeu télifôoune |
| se reposer | to rest | tou rèste |
| représentant (le, la) de commerce | sales representative | séïlze réprizènteutive |
| réserver | to reserve | tou rizeu(r)ve |
| réserver une chambre | to reserve a room | tou rizeu(r)ve eu roume |
| réserver une place | to reserve a seat | tou rizeu(r)ve eu siite |
| la place réservée | reserved seat | rizeu(r)v(e)de siite |
| restaurant | restaurant | rèstronte |
| en retard | late | léïte |
| être en retard | to be late | tou bi léïte |
| retirer | to take out, to draw | tou téïkaoute, tou drôo |
| retirer de l'argent | to take money out | tou téïke moeuni aoute |
| par retour du courrier | by return of post | baï riteu(r)ne ove pôouste |
| prendre sa retraite | to retire | tou ritaïeu(r) |
| réveil | alarm clock | eulâa(r)me klok |
| se réveiller | to wake up | tou ouéïkoeupe |
| le Réveillon | New Year's Eve | niou ieu(r)ze iive |
| rêver | to dream | tou driime |
| réverbère | street light | striite laïte |
| au revoir | goodbye | goud(e)baï |
| rez-de-chaussée | ground floor | graounde flôo(r) |
| rideau | curtain | keu(r)t(e)ne |
| tirer les rideaux | to open the curtains | tou ôoup(e)ne zeu keu(r)t(e)nze |
| rien | nothing | nosin(e)g |
| Rien à déclarer | Nothing to declare | nosin(e)g tou diklèeu(r) |
| rire | to laugh | tou lâaf |
| éclater de rire | to burst out laughing | tou beu(r)staoute lâafin(e)g |
| rive | bank | bank |
| rivière | river | riveu(r) |
| riz | rice | raïsse |
| robe | dress | drèsse |
| robinet | tap | tape |
| rocher | rock | rok |
| roman | novel | nov(e)l |
| ronfler | to snore | tou snôo(r) |
| ronronner | to purr | tou peu(r) |
| rose | (fleur) rose; (couleur) pink | rôouze; pin(e)k |
| roseau | reed | riide |
| roue | wheel | ouiile |
| rouge | red | rède |
| rouge à lèvres | lipstick | lip(e)stik |
| route | main road, road | méïne rôoude, rôoude |
| routier | lorry driver | lori draïveu(r) |
| roux (cheveux) | red, ginger | rède, djin(e)djeu(r) |
| rue | street, side street | striite, saïde striite |
| rugir | to roar | tou rôo(r) |
| ruisseau | stream | striime |

## S

|  |  |  |
|---|---|---|
| sable | sand | sande |
| sac (plastique) | carrier-bag | karieubague |
| sac de couchage | sleeping bag | sliipin(e) bague |
| sac à dos | rucksack, backpack | roeuksak, bakpak |
| sac à main | handbag | handebague |
| sac à provisions | shopping bag | chopin(e)g bague |
| saison | season | siiz(e)ne |
| salade | lettuce | létisse |
| salaire | salary | saleuri |
| sale | dirty | deu(r)ti |
| salle d'attente | waiting-room | ouéitin(e)g roume |
| salle de bains | bathroom | bâasroume |
| avec salle de bains | with bathroom | ouize bâasroume |
| salle de classe | classroom | klâasseroume |
| salle à manger | dining room | daïnin(e)g roume |
| salle d'opération | operating theatre | opeuréitin(e)g sieuteu(r) |
| salon | living room, lounge | livin(e)g roume, laoundje |
| salopette | dungarees | doeungueuriize |
| samedi | Saturday | sateudi |
| sandales | sandals | sandeulze |
| sans | without | ouizaoute |

| en bonne santé | healthy | hèlsi |
|---|---|---|
| sapin | fir tree | feu(r) trii |
| saucisse | sausage | sossidje |
| saucisson | salami, French salami | seulâami, frèntche seulâami |
| saule pleureur | weeping willow | ouiipin(e)g ouilôou |
| saumon | salmon | sameune |
| sauvage | wild | ouaïlde |
| savon | soap | sôoupe |
| Scandinavie | Scandinavia | skandinéïvieu |
| scène | stage | stéïdje |
| scie | saw | sôo |
| seau | bucket | boeukite |
| sèche-cheveux | hairdrier | hèeu(r)draïeu(r) |
| se sécher les cheveux | to dry your hair | tou draï ioueu(r) hèeu(r) |
| seconde (temps) | second | sèkeunde |
| secrétaire | secretary | sèkreutri |
| seize | sixteen | sikstiine |
| sel | salt | solte |
| semaine | week | ouiik |
| semaine prochaine | next week | nèkste ouiik |
| semer | to sow | tou sôou |
| sens interdit | no entry | nôou èntri |
| sens unique | one way street | ouane ouéï striite |
| sentier | path | pâas |
| sept | seven | sèv(e)ne |
| septembre | September | sèptèmbeu(r) |
| serpent | snake | snéïke |
| serre | greenhouse | griin(e)haousse |
| serré | tight | taïte |
| serrer la main à | to shake hands with | tou chéïke hand(e)ze ouize |
| serveuse | waitress | ouéïtrisse |
| service | service | seu(r)visse |
| Service compris? | Is service included? | ize seu(r)visse in(e)kloudide |
| Service non compris. | Service is not included. | seu(r)visse ize note in(e)kloudide |
| service des urgences | casualty department | kajioueulti dipâat(e)meunte |
| serviette | towel | taoueul |
| serviette de table | napkin | nap(e)kine |
| servir (un repas et en sport) | to serve | tou seu(r)ve |
| seul | alone | eulôoune |
| shampooing | shampoo | champouou |
| singe | monkey | moeunki |
| six | six | siks |
| skis | skis | skiize |
| faire du ski | to ski | tou skii |
| faire du ski nautique | to waterski | tou ouauteu(r)skii |
| slip | knickers | nikeuze |
| société | society | seussaïeuti |
| soeur | sister | sisteu(r) |
| avoir soif | to be thirsty | tou be seu(r)sti |
| soigneux | careful | kèeufoule |
| soir | evening | iiv(e)nin(e)g |
| ce soir | this evening | zisse iiv(e)nin(e)g |
| huit heures du soir | 8 in the evening | éïte ine zi iiv(e)nin(e)g |
| soixante | sixty | siksti |
| soixante-dix | seventy | sèv(e)nti |
| soldat | soldier | sôouldieu(r) |
| soldes (dans magasins) | sale | séïle |

| sole | sole | sôoule |
|---|---|---|
| soleil | sun | soeune |
| Le soleil brille. | The sun is shining. | zeu soeune ize chaïnin(e)g |
| avoir sommeil | to be sleepy | tou bi sliipi |
| sommet | summit | soeumite |
| sonner | to ring | tou rin(e)gue |
| sonner à la porte | to ring the bell | tou rin(e)gue zeu bèle |
| sonnette | doorbell | dôo(r)bèle |
| sortie | exit | èksite |
| soucoupe | saucer | sôosseu(r) |
| sourire | to smile | tou smaïle |
| souris | mouse, pl. mice | maousse, maïsse |
| sous | under | oeundeu(r) |
| sous-sol | basement | béïssemeunte |
| soustraire | to subtract | tou soeub(e)trakte |
| soutien-gorge | bra | brâa |
| sparadrap | sticking plaster | stikin(e)g plâasteu(r) |
| spectateurs | audience | ôodieunse |
| sport | sport | spôo(r)te |
| jouer au squash | to play squash | tou pléï skouoche |
| station de métro | underground station | oeundeugraounde stéïcheune |
| station-service | petrol station | pétr(e)l stéïcheune |
| station de ski | ski resort | skii rizôo(r)te |
| station de taxis | taxi rank | taksi rank |
| stationnement interdit | no parking | nôou pâa(r)kin(e)g |
| statue | statue | statiou |
| steward | air steward | èeu(r) stioueude |
| stylo | pen | pène |
| stylo-bille | ball-point pen | bôol poïnte pène |
| sucre | sugar | chougueu(r) |
| sucré | sweet | souiite |
| sud | south | saous |
| Pôle Sud | South Pole | saous pôoule |
| Suisse | Switzerland | souit(e)sseuleunde |
| suivre | to follow | tou folôou |
| supermarché | supermarket | soupeu(r)mâa(r)kite |
| sur | on | one |
| surveiller | to keep an eye on | tou kiipe eunaï one |
| survêtement | tracksuit | traksoute |
| sympathique | friendly | frènd(e)li |
| syndicat | trade union | tréïde iounieune |

# T

| table | table | téïb(e)l |
|---|---|---|
| A table! | It's ready! | it(e)ss rèdi |
| table de chevet | bedside table | bèdessaïde téïb(e)l |
| tableau | painting | péïntin(e)g |
| tableau noir | blackboard | blakbôo(r)de |
| taches de rousseur | freckles | frèkeulze |
| taille | size | saïze |
| C'est quelle taille? | What size is it? | ouote saïze izite |
| talon | heel | hiile |
| tambour | drum | droeume |
| jouer du tambour | to play the drums | tou pléï zeu droeum(e)ze |
| tante | aunt | âante |
| taper du pied | to tap your feet | tou tape ioueu(r) fiite |
| tapis | rug | roeugue |
| tapis de bain | bathmat | bâasmate |

125

| | | |
|---|---|---|
| tarte | tart | tåarte |
| tasse | cup | koeupe |
| taupe | mole | môoule |
| taxi | taxi | taksi |
| appeler un taxi | to hail a taxi | tou héil eu taksi |
| tee-shirt | T-shirt | tiicheu(r)te |
| teint | complexion | keumplèkcheune |
| télégramme | telegram | téligrame |
| téléphone | telephone | télifôoune |
| répondre au téléphone | to answer the telephone | tou âan(e)seu(r) zeu télifôoune |
| numéro de téléphone | telephone number | télifôoune noeumbeu(r) |
| télescope | telescope | téliskôoupe |
| télésiège | chairlift | tchèeu(r)lifte |
| télévision | television | télivijeune |
| regarder la télévision | to watch television | tou ouotche télivijeune |
| temps | (qui passe) time; (qu'il fait) weather | taïme; ouèzeu(r) |
| Quel temps fait-il? | What is the weather like? | ouotize zeu ouèzeu(r) laïke |
| tenir | to hold | tou hôoulde |
| tennis | tennis | tèniss |
| court de tennis | tennis court | tèniss kôo(r)te |
| jouer au tennis | to play tennis | tou pléï tèniss |
| tennis (chaussures) | tennis shoes | tèniss chouze |
| tente | tent | tènte |
| dresser une tente | to pitch a tent | tou pitche eu tènte |
| terne | dull | doeul |
| terrain de sport | pitch | pitche |
| terre | soil | soïle |
| tête | head | hède |
| avoir mal à la tête | to have a headache | tou haveu hèdéïke |
| théâtre | theatre | sieuteu(r) |
| thé | tea | tii |
| théière | teapot | tiipote |
| thermomètre | thermometer | seumomiteu(r) |
| ticket de quai | platform ticket | plat(e)fôo(r)me tikite |
| tiers | third | seu(r)de |
| tigre | tiger | taïgueu(r) |
| timbre | stamp | stampe |
| timide | shy | chaï |
| tirer | to pull | tou poule |
| tirer les rideaux | to open the curtains | tou ôoup(e)ne zeu keu(r)t(e)nze |
| tissu | fabric | fabrik |
| gros titre | headline | hèd(e)laïne |
| toboggan | slide | slaïde |
| faire sa toilette | to wash, to have a wash | tou ouoche, tou haveu ouoche |
| toilettes | toilet | toïlète |
| toit | roof | roufe |
| tomate | tomato | teumâatôou |
| tomber en panne | to have a breakdown | tou haveu brèïk(e)daoune |
| laisser tomber | to drop | tou drope |
| tondeuse | lawnmower | lôon(e)môoueu(r) |
| tondre la pelouse | to mow the lawn | tou môou zeu lôone |
| tonnerre | thunder | soeundeu(r) |
| torchon | tea towel | tii taoueul |
| tortue | tortoise | tôo(r)teusse |
| toucher | to touch | tou toeutche |
| touriste | tourist | toueuriste |
| tourne-disque | record player | rékôo(r)de pléïeu(r) |
| tourner | to turn | tou teu(r)ne |

| | | |
|---|---|---|
| tourner à droite | to turn right | tou teu(r)ne raïte |
| tourner à gauche | to turn left | tou teu(r)ne lèfte |
| tournevis | screwdriver | skroudraïveu(r) |
| tracteur | tractor | trakteu(r) |
| train | train | tréïne |
| le train à destination de ... | the train to ... | zeu tréïne tou |
| le train en provenance de ... | the train from ... | zeu tréïne frome |
| train de marchandises | goods train | goud(e)ze tréïne |
| traire les vaches | to milk the cows | tou milk zeu kaouze |
| transpirer | to sweat | tou souète |
| travail | work | oueu(r)k |
| aller travailler | to go to work | tou gôou tou oueu(r)k |
| travailleur | hard-working | hâa(r)de oueu(r)kin(e)g |
| à travers | through | srou |
| traversée (mer) | crossing | krossin(e)g |
| traverser la rue | to cross the street | tou krosse zeu striite |
| treize | thirteen | seu(r)tiine |
| trempé jusqu'aux os | soaked to the skin | sôouk(e)te tou zeu skine |
| trente | thirty | seu(r)ti |
| Très bien, merci. (Réponse à "Comment allez-vous?") | Very well, thank you. | vèri ouèl sankiou |
| triangle | triangle | traïangueul |
| tricot de corps | vest | vèste |
| tricoter | to knit | tou nite |
| trier | to sort, to sort out, to arrange | tou sôo(r)te, tou sôo(r)taoute, tou euréïndje |
| trimestre | term | teu(r)me |
| trois | three | srii |
| le trois (dans date) | the third | zeu seu(r)de |
| les trois quarts | three quarters | srii kouôoteu(r)ze |
| troisième | third | seu(r)de |
| trompe | trunk | troeunk |
| trompette | trumpet | troeumpite |
| jouer de la trompette | to play the trumpet | tou pléï zeu troeumpite |
| trottoir | pavement | péïv(e)meunte |
| troupeau | flock | flok |
| trousse | pencil case | pènnsile kéïsse |
| truelle | trowel | traoueul |
| truite | trout | traoute |
| tulipe | tulip | tioulipe |

# U

| | | |
|---|---|---|
| un, une | one | ouane |
| univers | universe | iouniveu(r)se |
| université | university | iouniveu(r)siti |
| URSS | USSR | iou-èsse-èsse-âa(r) |
| usine | factory | fakt(e)ri |
| utile | useful | iouzefoule |

# V

| | | |
|---|---|---|
| vacances | holiday | holidéï |
| aller en vacances | to go on holiday | tou gôou one holidéï |
| vache | cow | kaou |
| traire les vaches | to milk the cows | tou milk zeu kaouze |
| vague | wave | ouéïve |
| faire la vaisselle | to wash up | tou ouochoeupe |
| valise | suitcase | sout(e)kéïsse |
| faire sa valise | to pack | tou pak |
| vallée | valley | vali |
| veau (animal) | calf pl. calves | câaf, câaves |
| veau (viande) | veal | viil |
| vendeur, euse | shop assistant | chope eussisteunte |
| vendre | to sell | tou sèle |
| vendredi | Friday | fraïdi |
| Il fait du vent. | It's windy. | it(e)ss ouin(e)di |
| avoir mal au ventre | to have stomach ache | tou have stoeumeukéïke |
| verger | orchard | ôo(r)t(e)cheude |
| verre | glass | glâasse |
| vers | to, towards | tou, teuouôod(e)ze |
| verser | to pour | tou pôo(r) |
| vert | green | griine |
| vestiaire | cloakroom | klôoukroume |
| vêtements | clothes, clothing | klôouzze, klôouzin(e)g |
| Veuillez trouver ci-joint . . . | Please find enclosed . . . | pliize faïnde in(e)klôouz(e)de |
| viande | meat | miite |
| vide | empty | èmp(e)ti |
| vider | to empty | tou èmp(e)ti |
| vie | life | laïfe |
| vieillesse | old age | ôoulde éïdje |
| vieux, vieille | old | ôoulde |
| vieux-jeu | old-fashioned | ôoulde facheun(e)de |
| vif | bright | braïte |
| vigne | vine | vaïne |
| vignoble | vineyard | vinieude |
| vilain | naughty | nôoti |
| village | village | vilidje |
| ville | town | taoune |
| vin | wine | ouaïne |
| vinaigre | vinegar | vinigueu(r) |
| vingt | twenty | touènti |
| violet | purple | peu(r)p(e)l |
| violon | violin | vaïeuline |
| jouer du violon | to play the violin | tou pléï zeu vaïeuline |
| violoncelle | cello | tchélo |
| jouer du violoncelle | to play the cello | tou pléï zeu tchélo |
| visiter | to sightsee | tou saït(e)sii |
| vitrine | shop window, window display | chope ouin(e)dôou, ouin(e)dôou displéï |
| voie | track | trak |
| voisin,ine | neighbour | néïbeu(r) |
| voiture | car | kâa(r) |
| voiture de police | police car | peuliisse kâa(r) |

| | | |
|---|---|---|
| garer la voiture | to park | tou pâa(r)k |
| volant | steering wheel | stieurin(e)g ouiile |
| voler | to fly (oiseau); to steal (voleur) | tou flaï; tou stiile |
| volume | volume | volioume |
| vomir | to be sick | tou bi sik |
| voter | to vote | tou vôoute |
| Je voudrais . . . | I would like . . . | aï ououde laïke |
| voyage de noces | honeymoon | hoeunimoune |
| voyageur,euse | traveller | trav(e)leu(r) |
| vrai | true | trou |
| vue | view | viiou |

# W

| | | |
|---|---|---|
| wagon | carriage | caridje |
| wagon-lit | sleeping-car | sliipin(e)g kâa(r) |
| wagon-restaurant | buffet car | boeuféï kâa(r) |
| week-end | week-end | ouiikènnde |

# Y

| | | |
|---|---|---|
| yaourt | yoghurt | yogeu(r)te |

# Z

| | | |
|---|---|---|
| zèbre | zebra | ziibreu |
| zéro | zero | zieurôou |
| zoo | zoo | zou |